洞悉
方圓處事的
行事法則

培育文化 經文智慧全集 08

百喻經：洞悉方圓處事的行事法則

編　　著　李鳳棋
責任編輯　廖美秀
內文排版　王國卿
封面設計　姚恩涵

出版者　培育文化事業有限公司
信箱　yungjiuh@ms45.hinet.net
地址　新北市汐止區大同路3段194號9樓之1
電話　（02）8647-3663
傳真　（02）8674-3660
劃撥帳號　18669219
CVS代理　美璟文化有限公司
TEL／(02)27239968
FAX／(02)27239668

總經銷：永續圖書有限公司
永續圖書線上購物網
www.foreverbooks.com.tw

法律顧問　方圓法律事務所　涂成樞律師
出版日期　2016年02月

國家圖書館出版品預行編目資料

百喻經：洞悉方圓處事的行事法則/
李鳳棋編著. -- 初版. -- 新北市 : 培育文化,
民105.02 面 ; 公分. -- (經文智慧全集 ; 08)
ISBN 978-986-5862-74-9(平裝)
1. 本緣部　　2.通俗作品
221.86　　104026884

目錄

第1章 人際之喻——為自己的人際關係儲值

人際關係決定人生的成敗。所以，在生活中，我們必須把握與人相處的藝術。良言一句三冬暖，與人溝通時，一定要注意說話的分寸，在別人犯了錯時，一定要寬容。不順心時，不要一味地抱怨別人，要反省一下自己，不斷地為自己的人際關係儲值。這樣，才能贏得良好的人際關係。

目錄

成功之喻——步入通往成功的階梯

第2章

人的生命只有一次，每一個人都應該珍惜生命。珍惜生命，就應該有遠大的理想與目標，應該有所作為。而要想有所作為，要想成功，就要踏踏實實做事，遇事要冷靜思考，善於把握機會，正確面對挫折，從而成就卓越與幸福的人生。

目錄

目錄

第3章　做人之喻——汲取做人的智慧源泉

做人是人一生必修的功課。所以，不論你是什麼人，都要記住，做人必須先瞭解自我，正確地認識自我，並保持自己的本色。同時，要用理性客觀的標準要求自己與別人，不可苛求完美、苛求自己或他人。

目錄

對待任何問題，都要老老實實，實事求是，會就是會，不會就是不會。不要信口雌黃，大話連篇。也就是說要做一個守本分之人。

世界上沒有不犯錯誤的人，重要的是對待錯誤的態度。發現錯誤，及時從錯誤中汲取教訓，然後才能在錯誤中進步；明知犯了錯誤而不改，那就是錯上加錯，就是在不斷地犯錯誤。

第4章 做事之喻——洞悉方圓處世的行事法則

一個人要想成大事，就要注重做事的態度和方法。不管做任何事，都要注重細節，從細微處做起，凡事三思而後行，努力做好每一件事。好高騖遠，盲目行事，只能因小失大，最後一事無成。同時，做事還要注意分清輕重，懂得靈活變通，這樣，才能提高做事的效率。

聰明的人之所以有智慧，就在於他能找到生活中的規律並掌握規律，因此做什麼事都會得心應手，並且能達到出神入化的境地。

目錄

目錄

比種田喻／248

做事情如果不能做出正確的決定，其結果定會適得其反。付出了很大的代價，結果卻一無所獲。

第5章 心態之喻——啟迪心田的心靈雞湯

虛榮和驕傲，貪心和不知足，只能給人失敗的一生。昨天已過去，明天還沒有到來，人要想有快樂幸福的一生，就要知足，就要珍惜自己現在所擁有的一切，謙虛地面對自己的每一點進步，學會在現實中快樂的生活。

婆羅門殺子喻／252

過度的虛榮最終會導致自欺欺人。

婦女欲更求子喻／256

人們總是很貪心的，總想明天得到的更多，總相信明天會比今天更加輝煌。只是在失去之後，才明白失去的是最寶貴，而自己費盡心機得到的，不過是數量上的增加而已。

目錄

目錄

目錄

第1章

人際之喻——為自己的人際關係儲值

人際關係決定人生的成敗。所以，在生活中，我們必須掌握好與人相處的藝術。良言一句三冬暖，與人溝通時，一定要注意說話的分寸，在別人犯了錯時，一定要寬容。不順心時，不要一味地抱怨別人，要反省一下自己，不斷地為自己的人際關係儲值。這樣，才能贏得良好的人際關係。

愚人食鹽喻

【引語】

水滿則溢，月圓則虧。這就是說，凡事如果超過了事物的極限反而容易走向事物的反面。

菜缺少了鹽，味道就不會鮮美，但放鹽太多反而會使菜味變壞，而且使人口乾舌苦，危害健康，適得其反。

凡事都有個限度，有個分寸。在生活中，如何說話，尤其是如何談論別人，都需要我們慎重考慮。當想談論別人的缺點時，當想說別人的壞話時，當想散佈謠言時，我們需要在說出前，閉上嘴。因為，有些話一旦說出口，不是想收回就能收回的。

【原文】

昔有愚人，至於他家，主人與食，嫌淡無味。主人聞已，更爲益鹽。既得鹽美，便自念言：「所以美者，緣有鹽故。少有尚可，況復多也？」愚人無智，便空食鹽。食已口爽，返爲其患。

譬彼外道，聞節飲食可以得道，即便斷食。或經七日，或十五日，徒自困餓，無益於道。

如彼愚人，以鹽美故，而空食之，至令口爽，此亦復爾。

【譯文】

從前有一個蠢人，到朋友家裏去做客，主人留他吃飯，他嫌菜沒有味道，主人就在菜中加了一些鹽，他吃起來味道就覺得很好。蠢人心裏想：「菜的味道好，是從鹽中得來，加不多就已經這樣好吃了，那麼多加些，味道一定會格外的好」。

這樣想了以後，蠢人就向主人索取了一杯鹽，直接將鹽吃掉，吃完了之後就口乾舌苦，痛苦異常。

這就好比一些佛教以外的其他修行之人，聽說透過節制飲食可以得道。便絕食七天或十五天，結果白白地困餓了自身，影響了健康，這一做法對於修行是一點好處都沒有的。

這就如同那個愚笨之人，誤以為鹽的味道香甜，就以鹽代飯，終使自己倒了胃口。那些胡亂修行的人的愚蠢做法也是同一個道理。

在社交場合中，少說多聽是一條永恆的守則。侃侃而談不見得會給自己增添光彩，更不能證明自己有學問，相反的它卻可能給你帶來言而不實、賣弄自己的惡名。一定要管住自己的嘴巴，說話一定要經過思考，這樣才能減少處世的麻煩。

婦詐稱死喻

【引語】

有時先入為主的成見，是很難改變的。許多人生活的不快樂，這是因為他們朝思暮想的、呵護有加的全只是那個「臭皮囊」，真正的幸福已經遠走。即使她偶爾回來，恐怕很多人已經認不出來了。

其實夫妻間應當懂得「諒解」，生活中每個人都會犯錯，只有寬容與諒解才能互敬互愛，如果只是一味地抱怨，只會使問題更加的惡化。

【原文】

昔有愚人，其婦端正，情甚愛重。婦無貞信，後於中間，共他交往，邪淫心盛，欲逐旁夫，捨離己婿。於是，密語一老母言：「我去之後，汝可齎一死婦女屍，安著屋中。語我夫言，云我已死。」

老母於後伺其夫主不在之時，以一死屍置其家中。及其夫還，老母語言：「汝婦已死。」

夫即往視，信是己婦。哀哭懊惱。大積薪油，燒取其骨，以囊盛之，晝夜懷挾。

婦於後時，心厭旁夫，便還婦家，語其夫言：「我是汝妻。」

夫答之言：「我婦已死，汝是阿誰？妄言我婦。」乃至二三，猶故不信。

如彼外道，聞他邪說，心生惑著，永不可改。雖聞正教，不信受持。

【譯文】

從前有一個人，娶了一個漂亮的妻子，他對妻子十分疼愛，可是他的妻子卻並不愛他，因為她另外有了情人，她常想拋棄丈夫，去嫁給她所喜歡的男人。於是這個婦人，就趁丈夫不在家的時候，找來一個老婆婆，偷偷的對她說：「我走了以後，請您去弄一具女屍放在我家裏，我丈夫回來，您就對他說，我已經死了。」

那老婆婆果然去弄了一具女屍放在她家裏。後來她丈夫回來了，老婆婆就對他說：「你的妻子已經死了。」

她丈夫聽後去看，果然相信了，很是悲痛，還在屍體旁哭了好久，然後把這女屍火葬，把骨灰盛在一個袋子裏，並且日日夜夜隨身帶著，以紀念他們過去的愛情。

至於那個婦人，當時就和她的情人結了婚，但是日子久了，又覺得這個男子很討厭，腦袋裏又想起原來的丈夫，就跑回來，對她丈夫說：「我是你的妻子，我現在回來了。」

丈夫回答說：「我的妻子早已死了！你是誰呢？為什麼來騙我，說是我的妻子呢？」妻子雖然再三說明，要求他承認，但是丈夫始終相信他的妻子已死了，總是不肯承認。

這就好像其他教派，聽說了一些異端邪說後，心中便產生了疑惑，認為那就是真理，永遠不可能改變。即使是以後聽到了真正的教義，也不再相信接受了。

愛，就是當你犯了錯誤後，對方還能原諒你。正所謂愛的極致是寬容。

認人爲兄喻

【引語】

《周易》說：「君子豹變，小人革面」。凡是嘴臉總是變來變去的，說的比唱的還動聽。總是大言不慚自我誇耀的，但做起來缺乏一脈相承的內部邏輯性的，毫無原則的，不管是個人還是由這些人構成的聯合體，都可劃為「小人」。這種人在生活中並不少見，所謂「小人」也就是指一些見利忘義之人，做人處事總是以「利」為先，不真誠待人。用到別人時，甜言蜜語；一旦對己沒用，便翻臉無情。

俗話說：「小人一個不算少，君子十個也不多。」我們常常無奈地哀歎：寧可得罪君子，也不能得罪小人。

【原文】

昔有一人，形容端正，智慧具足，複多錢財，舉世人間無不稱歎。時有愚人，見其如此，便言我兄。所以爾者，彼有錢財，須者則用之，是故為兄。見其還債，言非我兄。

旁人語言：「汝是愚人，云何須財名他為兄；及其債時，則稱非兄？」愚人答言：「我以欲得彼之錢財，認之為兄，實非是兄。若其債時，則稱非兄。」

人聞此語，無不笑之。

猶彼外道，聞佛善語，盜竊而用，以為己有。乃至傍人教使修行，不肯修行，而作是言：「為利養故，取彼佛語化導眾生，而無實事，云何修行。」猶向愚人，為得財故，言是我兄；及其債時，複言非兄。此亦如是。

【譯文】

從前有一個人，容貌端正，非常聰明，並且家產殷實，當時的人都稱讚他。

當時有一個蠢人，見他如此年少多金，就對人說他是自己的哥哥。而把他當成自己的哥哥是因為他有很多錢財，這樣需要錢的時候就可以用了，所以，就叫他哥哥。後來見別人向「哥哥」討債時，就改口說他不是我的哥哥。

旁邊的人說：「你真是個傻瓜，為什麼在你需要錢的時候說他是你的哥哥；而等到他負債的時候，又說不是你的哥哥了呢？」

這個蠢人答道：「我想得到他的錢財，所以才認他為兄，他其實並不是我的哥哥。等到他要還債時，自然就不叫他哥哥了。」

人們聽了這些話，沒有不譏笑他的。

這就像有些外教徒一樣，聽了佛陀說法的妙語，就竊為己有，說成是自己的發明。等到旁人要他依法去修行時，他不但不肯也不會修行，而是說了這樣一番話：「我這是為了騙到一些供養，取了佛陀的話語講給你們聽，其實我根本就不知道修行的方法。你讓我如何去修行呢？」

這就像剛才那個蠢人一樣，為了得到一些錢財，就對別人稱兄道弟；等到他負債時，又說不是我兄長了。

用人在開始的時候就必須慎重選擇。開始時若用君子，小人就難以進入；開始時若用小人，則君子就會被擋在門外。

歎父德行喻

【引語】

讚美別人一定要實事求是，不可虛偽誇張。否則不但不能達到自己預期的效果，反而會適得其反，招來別人的輕鄙。

【原文】

昔時有人，於眾人中歎己父德，而作是言：「我父仁慈，不害不盜，直作實語，兼行佈施。」

時有愚人，聞其此語，便作是念，言：「我父德行，複過汝父。」

諸人問言：「有何德行，請道其事。」

愚人答曰：「我父小來，斷絕淫欲，初無污染。」

眾人語言：「若斷淫欲，云何生汝？」深爲時人之所怪笑。

猶如世間無智之流，欲贊人德，不識其實，反至毀呰。如彼愚者，意好歎父，言成過失，此亦如是。

【譯文】

從前有個人在眾人面前誇獎自己父親的德行時，這樣說道：「我的父親非常仁慈，不傷害別人，不取不義之財，從不說謊，而且還經常做些施捨。」

當時有個蠢人，聽他這麼說，也跟著這樣講：「我父親的德行要比你父親高出許多。」

眾人就問道：「你父親有什麼樣的德行，說來給大家聽聽。」

蠢人回答說：「我的父親從小就斷絕了男女間的慾望，從未有過男女之事。」

眾人說：「既然從未有過男女之事，怎麼會生出你來呢？」這件事便成了當時人們的笑談。

這就像世上的一些愚笨之人，本來想稱讚別人的德行，但是言過其實，反而變成了詆毀。就像這個蠢人，本來想誇讚一下自己的父親，但話說過了頭，謊話就不攻自破了。

任何一種真誠的態度都會在現實生活中得到應有的回報。只要一個真誠的微笑或者是一個擁抱，就可能趕走一切憤怒、不滿或誤解。

毗舍闍鬼喻

【引語】

「鷸蚌相爭，漁翁得利」。人與人之間要團結，不能鉤心鬥角。要看清共同的敵人，否則，就會讓別人造成可乘之機，彼此都遭受災難。只有團結一致才能得到自己應得的。

【原文】

昔有二毗舍闍鬼，共有一篋、一杖、一屐。二鬼共諍，各各欲得。二鬼紛紜，竟日不能使平。

時有一人，來見之已，而問之言：「此篋、杖、屐有何奇異？汝等共諍，嗔恚乃爾？」

二鬼答言：「我此篋者，能出一切衣服、飲食、床褥、臥具，資生之物，盡從中出。執此杖者，怨敵歸服，無敢與諍。著此屐者，能令人飛行無罣礙。」

此人聞已，即語鬼言：「汝等小遠，我當爲爾平等分之。」

鬼聞其語，尋即遠避。此人即時抱篋捉杖躡屐而飛。

二鬼愕然，竟無所得。

人語鬼言：「爾等所諍，我已得去。今使爾等更無所諍。」

毗舍闍鬼者，喻於衆魔，及以外道；佈施如篋，人天五道資用之具，皆從中出；禪定如杖，消伏魔怨煩惱之賊；持戒如屐，必升人、天。諸魔外道諍篋者，喻於有漏中強求果報，空無所得。若能修行善行，及以佈施、持戒、禪定，便得離苦，獲得道果。

【譯文】

從前有兩個餓鬼，兩鬼共有一個箱子，一根手杖和一雙鞋。這兩個鬼互相爭搶，都想讓自己得到這幾件東西。兩鬼吵個不停，吵了一個月也不能公平解決。

當時有一個人看到了，就問：「這箱子、手杖和鞋子有什麼奇異之處？你們倆都爭著要，發這麼大的火？」

兩個鬼回答說：「這個小箱子能變出衣服、食物、床褥、臥具和生活用品，一切都能從中得到。拿著這根手杖，仇人就會歸順我，不敢再和我作對。穿著這雙鞋，能讓人自由飛行，不會有一點的阻礙。」

那人聽了以後，就對鬼說：「你們離開這裏遠一點，我來給你們公平分配。」

鬼聽了他的話，就遠遠地躲開了。那人馬上就抱起箱子，拿起手杖穿上鞋飛到半空。

兩個鬼驚愕非常，連一件東西都沒得到。

那人對鬼說：「你們所爭的東西，我已經全拿走了。現在你們已經沒東西可爭了。」

在這個故事裏，餓鬼是比喻成眾魔和一些外教徒；修習佈施，就像這口箱子一樣，人天五道等生活所需之物都可從中得到；修習禪定，就像那根手杖一樣，能降伏魔道及煩惱的敵手；修習持戒，就像那雙鞋子，必定能升到人、天善道中。兩個鬼如邪魔外道，外道們經常在有漏法中強求果報，結果任何東西也得不到。如果能修行善行、佈施、持戒和禪定，便能脫離痛苦，獲得道果。

如果你幫助其他人獲得他們需要的東西，你也會因此而得到想要的東西，而且你幫助的人越多，你得到的也越多。

師患腳付二弟子喻

【引語】

相爭是人類的一種本能，嫉妒是人類對美、對富足、對高貴、對一切自己缺少的東西羨慕的反面。別人擁有的是透過自己的努力獲得的，不是天上掉下的餡餅，凡事不付出，是不可能得到回報的。

【原文】

譬如一師，有二弟子。其師患腳，遣二弟子，人當一腳，隨時按摩。其二弟子，常相憎嫉。一弟子行，其一弟子捉其所當按摩之腳，以石打折。彼既來已，忿其如是，複捉其人所按之腳，尋複打折。

佛法學徒，亦復如是。方等學者，非斥小乘；小乘學者，複非方等。故使大聖法典二途兼亡。

【譯文】

有一位師父，他有兩個徒弟。師父患了腳病，就讓兩個徒弟每人負責一隻腳，隨時按摩。

這兩個徒弟經常互相憎惡、嫉妒。

一個徒弟外出，另一個弟子就把本來由對方負責按摩師父的那隻腳，用石頭打斷了。

那個弟子回來以後，對另一個徒弟做的事情非常憤怒，也把對方負責按摩的腳用石頭打斷了。

佛法學者也是如此。大乘學者，排斥、指責小乘；而小乘學者也反過來指責、排斥大乘。結果致使佛教的大小二乘一起消亡了。

嫉妒是對別人的行為感到不滿的一種思維方式。它來自於對自信的缺乏，因為它是由別人引導的活動。嫉妒會導致任何情緒上的低落，但真正自信自愛的人，並不會嫉妒，更不會允許嫉妒讓自己心煩意亂。

蛇頭尾共爭在前喻

【引語】

在團隊中工作一定要依照客觀條件，分清自己的職責，盡力發揮好自己的長處，不能盲目行事，否則會適得其反。而且要注意團隊合作精神，自己一個人是無法做好事情的。

【原文】

譬如有蛇，尾與頭言：「我應在前。」頭語尾言：「我恒在前，何以卒爾？」頭果在前，其尾纏樹，不能得去。放尾在前，即墮火坑，燒爛而死。

師徒弟子，亦復如是。言師耆老，每恒在前；我諸年少，應爲導首。如是年少，不閑戒律，多有所犯。因即相牽，入於地獄。

【譯文】

有一天，一條蛇的頭和尾忽然爭執起來，蛇尾對蛇頭說：「今天應該我走在前面。」

蛇頭說：「我常常走在前面，怎麼可以倒過來走呢？」蛇頭和蛇尾各認為自己有理，僵持不下。

結果，蛇頭就自顧自的向前走去，蛇尾卻纏住了樹牢牢不放。這樣，蛇頭就走不動了。

因此，讓蛇尾走在前面，不料蛇尾因為沒有眼睛，卻走入一個火坑中，把這條蛇燒死了。

師父和徒弟的關係也是一樣。總是說師父因為年長，每次有什麼事總在前面；而我們這些年輕人，才應該擁有領導和帶頭的作用。就是這些年輕人，不能熟悉戒律，經常犯戒。結果師徒相互牽連，一同墜入地獄。

其實每個人都有自己的長處和缺點，只要能取人長、補己短，相互合作就是完美的！

二子分財喻

【引語】

世上許多事情都不能簡單的一分為二。人們經常用二分法來分析判斷事物，如黑與白，善與惡，美與醜，但很多事物並不能簡單的認定非此即彼。一個人可能是非善非惡，或又善又惡。在黑與白之間還有很多中間色彩。如果一切事物都要強做分別，就像剖錢分兩半，被人嗤笑。

人更是這樣。有些人確實是謙謙君子，但性格中可能有古怪的一面，遭到別人的非議；有些人確實是戚戚小人，但某些時候卻有和悅的一面，反而獲得別人的歡迎。

所以，日常中的生活是五顏六色的，斑斕炫目的，很難區分誰好誰壞。但是，在面臨危險的關鍵時候，君子絕不會損人利己，捨義求生；小人定不能捨己為人，捐身求仁。

所以，對待事物也好，對待人也好，要深入瞭解，多多觀察，還要提高自己的思維水平，不能輕易下結論。

【原文】

昔摩羅國有一剎利，得病極重，必知定死，誡敕二子：「我死之後，善分財物。」

二子隨教，於其死後，分作二分。兄言弟分不平。

爾時有一愚老人言：「教汝分物，使得平等。現所有物，剖作二分。云何破之？所謂衣裳中割作二分，盤、瓶亦復中破作二分，所有甕、缸亦破作二分，錢亦破作二分。如是一切所有財物盡皆破之，而作二分。」

如是分物，人所嗤笑。

如諸外道，偏修分別論。論門有四種：有「決定答論門」，譬如人一切有皆死，此是決定答論門。死者必有生，是應分別答，愛盡者無生，有愛必有生，是名「分別答論門」。有問人爲最勝不？應反問言：汝問三惡道？爲問諸天？若問三惡道，人實爲最勝；若問於諸天，人必爲不如。如是等義，名「反問答論門」。若問十四難，若問世界及眾生有邊、無邊，有始終、無始終，如是等義，名「置答論門」。諸外道愚癡，自以爲智慧，破於四種論作一分別論，喻如愚人分錢物，破錢爲兩段。

【譯文】

從前摩羅國裏有一個大官，得了重病，知道自己很快就會死了，就囑咐他的兩個兒子：「我死了以後，你們要妥善分配財物。」

兩個兒子聽從了他的話，在他死後，就把財物分作兩份。可是哥哥說弟弟分得不公平。當時有一個愚蠢的老頭對他們說：「我來教你們怎樣分東西分得公平又合理。把所有的東西，都從中間剖成兩半。怎麼剖呢？把衣服都從中間割成兩半，把盤子和瓶子也從中間剖成兩半，所有的甕和缸也剖成兩半，錢也從中間剖成兩半。就這樣把所有的財物都剖成兩半。」

這樣分東西的方式，為人們所嗤笑。

這就像有些外教徒，只修一種分別論。論門一共有四種：「決定答論門」，比如說，所有的人都會死的，這就是決定答論門。死者必然有下一世生，這應該分兩種情況。

無有貪愛，後世就不再生，貪愛未盡的就肯定有下一世生，這就是「分別答論門」。如果有人問，人是不是最優勝的？就應該先反問道：是跟三惡道相比，還是跟諸天相比？如果跟三惡道相比，人的確是最優勝的；如果跟諸天相比，人肯定不如諸天。這就叫做「反問答論門」。

如果要問十四個難題，比如問世界及眾生是有邊還是無邊，有始終還是無始終等一類問題，這類問題不應回答而應該置之不論，叫做「置答論門」。不少外教徒愚昧癡迷，又自以為聰明，就毀了四種論，而單修一種分別論，就像剛才那個蠢人分財物一樣，把錢都剖成兩半。

小人之所以為小人，是因為他們始終在暗處，用的始終是不法的手段，而且不會輕易罷手。君子不畏流言、不畏攻訐，是因為他們問心無愧。

五百歡喜丸喻

【引語】

世界上的任何事物都遵循因果的軌跡而發展著。惡因往往結不成惡果，反倒結成好果。但是這些人享受的「好果」只是暫時的，表面上的，偶然的，遲早是要失去的。必然性總是在人們沒有注意的時候起決定作用。到那時，這些人就悔之晚矣了。

不要因為惡人過上了好日子，便羨慕得不得了，就去為非作歹，這種想法很危險。因為只看到了表面上的物質充足，但是那種惡劣的心理情緒感受，往往讓這些作惡之人，有種得不償失之感。

【原文】

昔有一婦，荒淫無度，欲情既盛，嫉惡其夫。每思方策，頻欲殘害。種種設計，不得其便。

會值其夫聘使鄰國。婦密爲計，造毒藥丸，欲用害夫。詐語夫言：「爾今遠使，慮有乏短。今我造作五百歡喜丸，用爲資糧，以送於爾。爾若出國，至他境界，饑困之時，乃可取食。」

夫用其言，至他界已，未及食之，於夜暗中，止宿林間，畏懼惡獸，上樹避之。其歡喜丸忘置樹下。

即以其夜值五百偷賊，盜彼國王五百匹馬，並及寶物，來止樹下。由其逃突，盡皆饑渴，於其樹下，見歡喜丸，諸賊取已，各食一丸。藥毒氣盛，五百群賊一時俱死。

時樹上人至天明已，見此群賊死在樹下，詐以刀箭斫射死屍，收其鞍馬，驅向彼國。

時彼國王，多將人眾，案跡來逐。會於中路，值於彼王。

彼王問言：「爾是何人？何處得馬？」

其人答言：「我是某國人，而於道路值此群賊，共相斫射。五百群賊今皆一處死在樹下。由是之故，我得此馬，及以珍寶，來投王國。若不見信，可遣往看賊之瘡痍殺害處所。」

王時即遣親信往看，果如其言。王時欣然，歎未曾有。既還國已，厚加爵賞，大賜珍寶封以聚落。

彼王舊臣，咸生嫉妒，而白王言：「彼是遠人，未可服信。如何卒爾寵遇過厚？至於爵賞，逾越舊臣。」

遠人聞已，而作是言：「誰有勇健，能共我試？請於平原校其伎能。」

舊人愕然，無敢敵者。

後時彼國大曠野中，有惡獅子，截道殺人，斷絕王路。

時彼舊臣詳共議之：「彼遠人者，自謂勇健，無能敵者。今複若能殺彼獅子，爲國除害，真爲奇特。」作是議已，便白於王。

王聞是已，給賜刀杖，尋即遣之。

爾時遠人既受敕已，堅強其意，向獅子所。獅子見之，奮激鳴吼，騰躍而前。遠人驚怖，即便上樹。獅子張口，仰頭向樹。其人怖急，失所捉刀，值獅子口，獅子尋死。

爾時遠人歡喜踴躍，來白於王。王倍寵遇。

時彼國人卒爾敬服，咸皆讚歎。

其婦人歡喜丸者，喻不敬施；王遣使者，喻善知識；至他國者，喻于諸天；殺群賊者，喻得須陀洹，強斷五欲，並諸煩惱；遇彼國王者，喻遭值賢聖；國舊人等生嫉妒者，喻諸外道，見有智者能斷煩惱及以五欲，便生誹謗，言無此事；遠人激厲而言舊臣無能與我共爲敵者，喻於外道無敢抗衡；殺獅子者，喻破惡魔，既斷煩惱，又伏惡魔，便得無著道果封賞；每常怖怯者，喻能以弱而制於強。其於初時雖無淨心，然彼其施遇善知識便獲勝報。不淨之施，猶尚如此，況複善心歡喜佈施。是故應當於福田所勤心修施。

【譯文】

從前有個婦人，荒淫無度，情慾旺盛，很討厭自己的丈夫。經常想方設法來加害他，可是想了很多辦法都沒有成功。

恰好她丈夫奉命要出使鄰國。這個婦人就祕密設計了一個毒計，做了一些有毒的餅，想用它來害死丈夫。她假惺惺地對丈夫說：「你現在要出遠門了，我怕你路上沒有東西吃，給你做了五百個餅，讓你帶在身上做乾糧。你要出了國界到了別的國家，餓的時候才可以拿著吃。」

丈夫聽從了她的話，到了別國地界，還沒有來得及吃，天就黑了。他就露宿在一個樹林裏，因為害怕野獸，就爬到樹上，但餅卻忘了帶，就放在樹下面。

當天晚上剛好有五百個盜賊，偷了鄰國國王的五百匹馬還有其他珍寶，來到了樹下。由於忙著逃跑，盜賊都已經是又渴又餓。看到樹下有餅，盜賊就每人吃了一個。毒藥非常厲害，這五百個盜賊一會兒就全都死了。

躲在樹上的人到了天明，看到這群賊死在樹下，就用刀箭砍射屍首，然後趕著他們的馬，向鄰國走去。

這時鄰國的國王，帶著很多人馬，順著蹄印追蹤過來。正好在半路上雙方碰到了。

鄰國國王問他道：「你是什麼人？馬是從哪兒來的？」

這人答道：「我是某國人，在路上遇到了這些盜賊，我和他們相互砍射。現在五百個賊全都死在樹下了。這樣我就得到了這些馬和珠寶，來投奔國王。您要不信，可派人去看一下我殺賊的地方。」

國王馬上就派親信去看，果然是像他說的那樣。國王很高興，感歎地說這種事情以前從未聽說過。回到城裏，國王就對他大加封賞，賜給他很多珍寶，分給他領地。

國王的一些舊臣，都非常嫉妒，對國王說：「他是遠方來的人，不能深信。為什麼大王突然對他寵愛有加？封爵賞賜，超過了很多舊臣。」

這人聽說了以後，就這樣說：「你們誰有勇氣和我到外邊的平地上去比試一下。」

舊臣聽了非常驚惶，沒人敢和他比試。

後來，在這個國家的曠野之中，出現一頭兇猛的獅子，攔路吃人，阻斷了交通。

舊臣就聚在一起商議：「這個從遠方來的人，自稱非常勇猛，武藝高強，世上沒人是他的對手，現在他要是能殺了那頭獅子，為國除害，那才是真正了不起的事情。」商量好了以後，就去告訴國王。

國王聽了舊臣的建議，就賜給他刀杖，派他去殺死獅子。

這人奉了國王的命令，就鼓足勇氣，到了獅子出沒的地方。獅子看見了他，就大聲吼叫，撲了上來。這人非常害怕，就爬到了樹上。獅子大張著嘴，抬頭看著樹。這人嚇壞了，手裏拿的刀失手掉了下來，正好掉在了獅子嘴裏。獅子馬上就死了。

這時這個人非常高興，連蹦帶跳地去報告國王。國王對他更加寵愛了。

從此鄰國的人都對他非常佩服，大加讚歎。

那個婦人的餅，比喻不敬施。國王派其做使者，比喻善知識。到別國去，比喻上諸天。殺死盜賊，比喻修得須陀洹果，斷除五欲及各種煩惱。遇到鄰國國王，比喻得遇聖賢。鄰國舊臣心生嫉妒，比喻外道看到智者能斷煩惱和五欲，便進行誹謗，說並無此事。說舊臣沒人敢與遠人比試，比喻外道不敢與之抗衡。

殺死獅子，比喻破除惡魔。既斷了煩惱，又降伏了惡魔，比喻得到了無著道果的封賞。平常畏懼膽怯，比喻以弱制強。剛開始時雖然沒有清淨心，但是施給了善知識，就得到了好的果報。沒有清淨心的佈施尚且得到如此的果報，更何況以善心、歡喜心去做佈施呢！所以應該對於能種福田的對象勤心修行佈施。

人要懂得透過現象看本質，否則只會給自己帶來更大的災難和痛苦。

共相怨害喻

【引語】

有些人總喜歡因一些小事而影響到自己的前途和機會，仇恨心很強，總想復仇。「復仇」是一把雙刃劍，既會傷害別人，也會傷害自己。人貴為善，寬則得眾。

【原文】

昔有一人，共他相嗔，愁憂不樂。

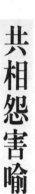

有人問言：「汝今何故愁悴如是？」

即答之言：「有人毀我，力不能報。不知何方可得報之？是以愁耳。」

有人語言：「唯有《毗陀羅咒》可以害彼。但有一患，未及害彼，返自害己。」

其人聞已，便大歡喜：「願但教我。雖當自害，要望傷彼。」世間之人，亦復如是。爲嗔恚故，欲求《毗陀羅咒》用惱於彼，竟未害他，先爲嗔恚，反自惱害，墮於地獄、畜生、惡鬼。如彼愚人，等無差別。

【譯文】

從前有一個人，生了別人的氣，經常悶悶不樂。

有人問：「你現在怎麼愁成這個樣子？」

這人回答說：「有人欺負我，我打不過他。不知怎樣才能收拾他。所以才發愁。」

有人對他說：「只有《毗陀羅咒》可以害他。不過有一個缺點，在沒有害他以前，會先害了你自己。」

這人聽了非常高興：「請教我這個方法，只要能害他，就算是害了自己，我也情願。」

世間的人也是這樣。為了一點怨恨，就想用《毗陀羅咒》來加害他人。也可能未能害人，先害自己，墮於地獄、畜生和惡鬼三惡道中。這和上面講的蠢人毫無差別。

只有心中裝滿愛，才能使惡人放下屠刀，使走上邪路的人懸崖勒馬！

爲二婦故喪其兩目喻

【引語】

古人云：「福兮禍之所倚，禍兮福之所伏。」一人娶兩妻，本以為是好事，卻沒有想到使自己陷入了進退維谷、左右為難的境況中，而最終好事反變壞事，由於難捨其一，致使自己身受其害。

能不能捨棄，看似簡單，實則不易。因為放棄，對每一個人來說，都有一個痛苦的過程；因為放棄，就意味著永遠不再擁有，但是，不懂得放棄，只想擁有一切，最終你將會一無所有，這就是生命的無奈之處。所以，你必須學會放棄，選擇你自己應該擁有的，否則，生命將難以承重。

【原文】

昔有一人，聘娶二婦。若近其一，為一所瞋。不能裁斷，便在二婦中間，正身仰臥。值天大雨，屋舍淋漏，水土俱下，墮其眼中。以先有要，不敢起避，遂令二目俱失其明。

世間凡夫，亦復如是。親近邪友，習行非法，造作結業，墮三惡道，長處生死，喪智慧眼。如彼愚夫，為其二婦故，二眼俱失。

【譯文】

從前有個人，娶了兩個妻子。他如果親近其中的一個，另一個就很不高興。他無法做出決定，就在兩個妻子中間，不偏不倚地仰面躺著。一次正好碰到天下大雨，房屋漏水，雨水和泥土一起往下落，正好落到他眼裏。因為先前有約定，他不敢起身躲避，結果兩隻眼全瞎了。

世間的凡夫也是這樣。接近不正派的朋友，學習歪門邪道，起惑造業，墮落到三惡道中，長時期流轉於生死，喪失了智慧之眼。就像那蠢丈夫一樣，為了兩個妻子失去了雙眼。

每個人都應該學會選擇。學會選擇你才能把握住人生的不同機遇，才能事有所成。

與兒期早行喻

【引語】

世上有很多自以為是的人，聽不得勸告，總是一意孤行，也因此做事總是事倍功半。

【原文】

昔有一人，夜語兒言：「明當共汝至彼聚落，有所取索。」兒聞語已，至明清旦，竟不問父，獨往詣彼。既至彼已，身體疲極，空無所獲，又不得食，飢渴欲死，尋複回還，求見其父。

父見子來，深責之言：「汝大愚癡，無有智慧。何不待我，空自往來？徒受其苦。為一切世人之所嗤笑。」

凡夫之人，亦復如是。設得出家，即剃鬚髮，服三法衣，不求明師諮受道法，失諸禪定道品功德，沙門妙果一切都失。如彼愚人，虛作往返，徒自勞苦。形似沙門，實無所得。

【譯文】

從前有一個人，在晚上對兒子說：「明天你和我一起到一個村子，我要去取點東西。」

兒子聽了以後，到了第二天早上，也沒有告訴他父親，就一個人到那個村子去了。

到了那個村子以後，非常疲勞，沒有任何收穫，又沒吃到飯，又饑又渴，只好回到家裏，來見他父親。

父親看見兒子回來，就狠狠地訓斥他：「你真蠢，一點腦子也沒有。為什麼不等我，一個人白跑一趟？白白辛苦，還要被人們嗤笑。」

世間的凡夫也是這樣。有機會出家，就剃掉鬚髮，穿上了法衣，卻不求明師指點道法，失去了修習禪定和道品能帶來的功德，也失去了沙門妙果。就像那個蠢人一樣，白白辛苦受累。這種外表看似出家人，但實際上卻是毫無所得。

有的人總覺得自己比別人聰明，自以為是，自負傲人，自視清高。因此要提醒自己「聰明反被聰明誤」。聰明過頭的人就是愚蠢。

獼猴喻

【引語】

一個人來到世間，難免有不小心觸犯別人的時候，冤冤相報，何時了。與其共同承受著痛苦，為何不能以忍讓、謙和、寬容的態度去對待他人。走出內心的怨恨，寬恕別人。

【原文】

昔有一獼猴，爲大人所打，不能奈何，反怨小兒。凡夫愚人，亦復如是。先所瞋人，代謝不停，滅在過去。乃于相續後生之法，謂是前者，妄生瞋忿，毒恚彌深。如彼癡猴爲大人所打，反瞋小兒。

【譯文】

從前有一隻獮猴，被大人所打，牠沒有辦法對付，反而怨恨小孩兒。世間的凡夫愚人也是一樣。以前所憎恨的人，由於歲月流轉，已經過世了。卻把怨恨發洩在他的後人身上，亂生仇恨，怨毒極深。就好像譬喻中的那隻獮猴，被大人打了，反而嫉恨起小孩來了。

一個隨意讓情緒「噴」出來而不能自控的人，一定是與成大事無緣的，因為缺乏自制和忍耐的性格，會讓自己的生活極為可怕。

得金鼠狼喻

【引語】

基督教《聖經．新約》中有一段話說：「你想人家怎樣待你，你也要怎樣待人。」這是一條做人的法則，又稱為「為人法則」，幾乎成了人類普遍遵循的處世原則。這一法則啟示我們，在社交中和處理人際關係時，要尊重人，待人真誠，公正待人。

《韓非子》中說：「巧詐不如拙誠。」巧詐可能一時得逞，但時間一久，就露餡了。拙誠是指誠心地做事，誠心地待人，儘管可能在言行中表現出愚直，但時間長了，就會贏得大多數人的信賴。

【原文】

昔有一人在路而行，道中得一金鼠狼，心中喜踴，持置懷中，涉路而進。至水欲渡，脫衣置地，尋時金鼠變爲毒蛇。此人深思：寧爲毒蛇螫殺，要當懷去。心至冥感，還化爲金。旁邊愚人見其毒蛇變成真寶，謂爲恒爾，複取毒蛇內著懷裏，即爲毒蛇之所蜇螫，喪身殞命。

世間愚人，亦復如是。見善獲利，內無真心，但爲利養，來附於法，命終之後，墮於惡處，如捉毒蛇，被螫而死。

【譯文】

從前有一個人在路上行走時，撿到了一隻金鼠狼，他非常高興，就把牠放在懷裏，繼續前行。

到了河邊要渡河時，他把衣服脫下來放在地上，不一會兒金鼠狼變成了一條毒蛇。

這人想：寧可被毒蛇咬死，我也要把牠帶回去。為誠心所感動，毒蛇又變成了金鼠狼。

旁邊有個蠢人，看見毒蛇變成了真金，以為這是必然的，他也拿了條毒蛇放在懷裏，結果被蛇咬了，喪失了性命。

世間的蠢人也是這樣。見到善行得到了好報，但自己並沒有真心去行善，只是為了得到利養，用善法來掩蓋自己，結果命終以後墮到了惡處，就像那個捉毒蛇的蠢人被咬死一樣。

真正的行善必須出自一片至誠，是發自內心同情對方的處境，雪中送炭的溫暖，總比錦上添花的浮華更能讓人感動。

爲惡賊所劫失氈喻

【引語】

與人相處一定要厚道，所謂「己所不欲，勿施於人」。厚道，使你有著良好的人際關係，在你的身邊，朋友親人有難，你會義無反顧地去幫助他們。所謂竭誠，則吳越為一體。一個對朋友不義不厚道之人，當他一旦處於危難之時，是不會有人願意幫助他的。俗話說：「言而無信，人之大忌。」承諾別人的事一定要兌現，這樣才能受到人們的信任和尊重。

凡是自己可能做不到的事，就不要滿口應承。一諾千金不僅是立身處世之道，而且也是一種提升自己的方法。

【原文】

昔有二人爲伴，共行曠野。一人被一領氈，中路爲賊所剝，一人逃避，走入草中。

其失氈者先於氈頭裹一金錢，便語賊言：「此衣適可直一枚金錢，我今求以一枚金錢而用贖之。」

賊言：「金錢今在何處？」

即便氈頭解取示之，而語賊言：「此是真金，若不信我語，今此草中有好金師，可往聞之。」

賊既見之，複取其衣。

如是愚人氈與金錢一切都失。自失其利，複使彼失。

凡夫之人，亦復如是。修行道品，作諸功德，爲煩惱賊之所劫掠，失其善法，喪諸功德。不但自失其利，複使餘人失其道業，身壞命終，墮三惡道。如彼愚人，彼此俱失。

【譯文】

從前有兩個人結伴，共同行走在曠野之中。一個人穿了一件白布衣服，在半路上被盜賊將衣服剝去，另一個人躲入草中藏身。

那個失去衣服的人，原先在衣服裏藏了一枚金錢，於是對盜賊說：「這件衣服剛好值一枚金錢，我現在請求，用一枚金錢來贖回它。」

這個盜賊說：「金錢在什麼地方。」

這個人就解開衣領取出金錢給盜賊看，並對盜賊說：「這是真金，如果不相信我的話，現在草叢裏有一位好的煉金師，你可以去問他。」

盜賊又看見了另一個人，又將他的衣服也搶走了。

這樣愚蠢的人，衣服和金錢全都喪失了，不但自己喪失了利益，又使得別人也喪失了利益。

世上的凡夫也是如此，修行各種道品，作了各種教德。然而被煩惱的盜賊所掠奪，失去了自身的善法，喪失了各種功德。不但自己喪失了修行的利益，又使其他的人也喪失了道業。

等到身死命終之時，墮入三惡道當中。如同譬喻中那個愚蠢的人，彼此兩樣全都喪失。

拿破崙曾說過：「我從不輕易承諾，因為承諾會變成不可自拔的錯誤。」在為人處世中，許諾是人人都可以辦到的事情，但守諾卻不是人人都能做到的。所以，千萬不要輕易許諾。因為不許諾你也許會賺取謹慎的美名，但不守諾肯定會讓人以為你是言而無信、不誠實之人，肯定會讓你失去很多朋友，甚至還會害了自己。

第2章

成功之喻——
步入通往成功的階梯

人的生命只有一次，每一個人都應該珍惜生命。珍惜生命，就應該有遠大的理想與目標，應該有所作為。而要想有所作為，要想成功，就要踏踏實實做事，遇事要冷靜思考，善於把握機會，正確面對挫折，從而成就卓越與幸福的人生。

渴見水喻

【引語】

任何事情都不是一蹴而就的。不做永遠不知道能不能成功。集腋成裘，聚沙成塔。一點一滴的進步才能成就一番事業。

在每個人的一生中，都有很多次可以改變自己命運的機會，是往好的方面改變，還是往壞的方面改變，完全有賴於一個人對當時情形的認知。也就是說，有什麼樣的看法往往就會有什麼樣的命運。

【原文】

過去有人，癡無智慧，極渴須水，見熱時焰，謂爲是水，即便逐走，至新河頭。既至河所，對視不飲。

旁人語言：「汝愚渴逐水，今至水所，何故不飲？」

愚人答言：「若可飲盡，我當飲之。此水極多，俱不可盡，是故不飲。」

爾時眾人聞其此語，皆大嗤笑。

譬如外道，僻取其理，以己不能具持佛戒，遂便不受，致使將來無得道分，流轉生死。若彼愚人見水不飲，爲時所笑，亦復如是。

【譯文】

從前有一個愚蠢的人，口渴之極需要馬上喝水。看到遠處的熱霧，便認為是水，一直追趕到了印度河，可是到了河邊只是看著卻不喝。

旁邊的人問他：「你因口渴而追著熱霧找水喝，現在真的到了水邊為什麼卻又不喝了呢？」

愚蠢的人回答說：「你喝得完這麼多的水嗎？要是喝得完我早就去喝了。這裏的水太多了，根本就喝不完，所以我不喝。」

當時在場的人聽到這句話，都大聲地譏笑他。

這就好像其他教派一意孤行地堅持著自己的見解，又因為自己不能全部掌握佛教戒律，於是就乾脆捨棄，拒不接受。而使日後不能夠覺悟，在生死輪回中承受痛苦。就如同那個愚蠢的人看到水而不喝，被人所取笑，也是同樣的道理。

其實任何人都在發展變化，人不可能永遠不變，辯證法也說過萬事萬物都在變化發展，在螺旋中上升。任何事物都應該用發展的眼光去看待，不能用過去的眼光看人看事。

子死欲停置家中喻

【引語】

世上沒有不犯錯的人，但是犯了錯誤要知錯能改，不要執迷不悟。如果一味執迷不悟，恐怕就會難挽殘局。

【原文】

昔有愚人，養育七子。一子先死。時此愚人，見子既死，便欲停置於其家中，自欲棄去。旁人見已，而語之言：「生死道異，當速莊嚴，致於遠處而殯葬之。云何得留，自欲棄去？」

而時愚人聞此語已，即自思念：「若不得留，要當葬者，須更殺一子，停擔兩頭，乃可勝致。」於是便更殺其一子而擔負之，遠葬林野。

時人見之，深生嗤笑，怪未曾有。

譬如比丘，私犯一戒，情憚改悔，默然覆藏，自說清淨。或有智者即語之言：「出家之人，守持禁戒，如護明珠，不使缺落。汝今云何違犯所受，欲不懺悔？」犯戒者言：「苟須懺者，更就犯之，然後當出。」遂便破戒，多作不善，爾乃頓出。如彼愚人，一子既死，又殺一子。今此比丘，亦復如是。

【譯文】

從前有一蠢人，養了七個孩子，其中一個有一天死去了。這個蠢人看到孩子已經死了，就想把死孩子放在家中，自己卻打算搬出那所房子。

別人看到這種情況就對他說：「活人與死者要走的道路是不同的，你應該立刻慎重地在遠處找個地方把孩子安葬了。你為何把屍體留在家裏，而自己卻要離開呢？」

那個蠢人聽到這些話後，便在心裏琢磨：「如果不能留在家裏而應當埋葬的話，就必須再殺一個孩子安放在擔子兩頭，以保持平衡才行。」於是他便又殺了一個孩子，分別放在擔子的兩頭挑到遠處埋葬在林中的野地裏。

人們看到這一行為後紛紛嗤笑他，認為這樣的怪事從未見過。

這就如同修行的人自己犯了一條戒律，卻又不思改悔。悄悄地將錯誤掩藏起來，自己還假裝持戒清淨。有知情的人對他說：「出家修行之人，自覺遵守戒律，就如同獲取了明珠而不能使它有任何的損害。為什麼你現在違犯了戒律卻不想悔改呢？」犯戒之人卻說：「如果一定要懺悔的話，那我就再犯一條，然後一起悔過。」接著便破戒，做了許多壞事，才開始頓悟思悔。這就好像那個蠢人，一個孩子已經死去，又親自殺死一個孩子一樣。現在這個修行之人的愚蠢做法也是這樣。

寬容是一種胸懷，是一種做人的智慧。寬容不是怯懦膽小，而是關懷體諒。寬容並不是每個人都能做到的，只有胸懷寬廣的人才懂得擅用寬容。

山羌偷官庫衣喻

【引語】

孔子曰：「知之為知之，不知為不知，是知也。」學習任何東西，都要領會其精髓，而不能只把注意力放在其表面的功夫上。做事情一定要實事求是，任何事情如果只是一知半解，不但影響自己，也會讓別人笑話。因此，在與別人交往的過程中，對於自己知道的事情要虛心傾聽，對於自己不知道的事情更要虛心學習。

【原文】

過去之世，有一山羌，偷王庫物，而遠逃走。爾時國王，遣人四出，推尋捕得，將至王邊，王即責其所得衣處。山羌答言：「我衣乃是祖父之物。」

王遣著衣，實非山羌本所有故，不知著之，應在手者著於腳上，應在腰者返著頭上。

王見賊已，集諸臣等，共詳此事，而語之言：「若是汝之祖父已來所有衣者，應當解著，云何顛倒，用上爲下？以不解故，定知汝衣必是偷得，非汝舊物。」

藉以爲譬：王者如佛，寶藏如法，愚癡羌者猶如外道。竊聽佛法，著己法中，以爲自有。然不解故，佈置佛法，迷亂上下，不知法相。如彼山羌，得王寶衣，不識次第，顛倒而著，亦復如是。

【譯文】

過去有個朝代，有一個山民，偷了國王庫藏的一些衣物，逃到了很遠的地方。當時國王派人四處追尋，最後把他抓到了，帶到國王跟前。國王就責問他那些衣服是從哪裡來的。山民回答說：「這些衣物是我祖輩傳下來的。」

國王就命令山民穿上這些衣服，因為這本來就不是他的衣服，所以根本不知如何穿著。應該戴在手上的穿在了腳上，應該纏在腰上的裹到了頭上。

國王見山民穿衣的樣子後，就召集一些大臣一起討論這件事情，然後對山民說：「如果這真是你祖輩上傳下來的衣物，你應該知道怎樣穿著，為什麼會上下穿顛倒呢？你不知如何穿著，這就可以肯定這些衣服並不是你原來就有的，而是偷來的。」

藉這件事打個譬喻：國王好比是佛陀，愚笨的山民好比外道，國王的庫藏好比是佛法。外道偷聽了佛陀的法語，拿來放在自己的言語中，當成自己的話。因為他不瞭解這些話的意義，在安置佛法時，就搞亂了先後的次第，不明白佛法的真正含義。

就像那個山民一樣，偷來國王的寶衣，卻不辨上下，次序顛倒。外道也和這個山民一樣滑稽好笑。

尺有所短，寸有所長。每個人都有自己的長處和短處，取長補短才是逐步完善自己的途徑。謙虛謹慎是成功的前提，虛心聽取別人的意見，客觀地分析問題，是邁向成功的第一步。

說人喜嗔喻

【引語】

列寧曾說過：「沒有缺點的人是沒有的。」人們容易發現別人身上的缺點，卻找不到自己的缺點，好像不說出來就不會有人知道它。當別人指出時，在批評面前真正能聞過則喜的人不會太多，大多數人是喜歡聽奉承話的。

生活中，有些人就像「聞過即怒」的愚人一般，他們就是知道自己有錯也不願承認錯誤，更容易找一些藉口來為自己辯護。不知道自己做了就應該承擔責任。

【原文】

過去有人，共多人眾坐於屋中，歎一外人德行極好，唯有二過：一者喜嗔，二者作事倉卒。

爾時此人過在門外，聞作是語，更生嗔恚，即入其屋，擒彼道己過惡之人，以手打撲。

旁人問言：「何故打也？」

其人答言：「我曾何時喜嗔、倉卒？而此人者，道我恒喜嗔恚，作事倉卒。是故打之。」

旁人語言：「汝今喜嗔、倉卒之相即時現驗，云何諱之？」

人說過惡而起怨責，深為眾人怪其愚惑。

譬如世間飲酒之夫，耽荒酗酒，作諸放逸，見人訶責，返生尤嫉。苦引佐證，用自明白。

若此愚人，諱聞己過，見他道說，返欲撲打之。

【譯文】

從前有一個人，和許多人一起坐在屋內閒聊，說某個人的道德、品行非常好，只是有兩個缺點：一個是容易生氣，一個是做事莽撞。

當時這個人剛好從門口經過，聽到這樣講他，非常生氣，就馬上走進屋裏，抓住那個說他缺點的人，舉手就打。

旁邊的人問他：「你為什麼打人？」

他答道：「我什麼時候容易生氣、做事莽撞了？而這個人說我一直是容易生氣，做事一貫莽撞，所以我要打他。」

旁人說：「你現在容易生氣、做事莽撞的樣子馬上就表現出來了，為什麼還要忌諱別人說你呢？」

有種人聽到別人說自己的缺點就埋怨，甚至責備別人，這種愚昧不解是大家都難以理解的。

就像社會上喜歡喝酒的人，一天到晚，酗酒作樂，經常做一些越軌的事，別人說他幾句，反而會記恨別人，還千方百計為自己找理由，說自己並不是個酒鬼。就像這個愚人一樣，不想聽別人說自己的缺點，聽到別人說他，就要動手打人。

不找任何藉口的人，他們身上所表現出來的是一種服從、誠實的態度，一種負責敬業的精神，一種完美的執行力。

願爲王剃鬚喻

【引語】

人生難得，本來每個人都應該對自己的生命負責，都應該使自己在這短暫的生命中活得更精采一些，可是思想就因為這樣那樣的束縛，使我們的生命皺巴巴的，不能充分施展。

一個人做事應心志高遠，當機會來臨時要善於把握。要知道有時有點野心也不是壞事，它可以激勵我們為自己創造一個有卓越成就的人生。

【原文】

昔者有王，有一親信，於軍陣中，歿命救王，使得安全。王大歡喜，與其所願。即便問言：「汝何所求，恣汝所欲。」

臣便答言：「王剃鬚時，願聽我剃。」

王言：「此事若適汝意，聽汝所願。」

如此愚人，世人所笑。半國之治，大臣輔相，悉皆可得，乃求賤業。

愚人亦爾。諸佛於無量劫難行苦行，自至成佛。若得遇佛，及值遺法，人身難得，譬如盲龜值浮木孔。此二難值，今已遭遇，然其意劣，奉持少戒，便以爲足，不求涅槃勝妙法也。無心進求，自行邪事，便以爲足。

【譯文】

從前有個國王，他有一個親信，在一次戰鬥中冒著生命危險救了國王，使他能平安無事。國王非常高興，為了要滿足他的願望，就問他：「你有什麼要求，我都會滿足你的。」

這個親信就回答道：「我希望國王在剃鬍子的時候，能夠讓我效勞。」

國王說：「如果這件事能滿足你的話，就按你說的辦。」

這樣的蠢人，為當時的人們取笑。本來治理半個國家或做個大臣、宰相，都是可以得到的。可他卻偏偏要求做剃鬍鬚這樣卑下之業。蠢人也是這樣。諸佛都是經歷了無數的劫難和苦行才成就了佛果。若是能遇到佛，聞佛教遺法，非常難得，這就像一隻盲龜浮出水面時剛好把頭伸進一塊浮木的孔裏一樣。這兩樣難以遇到的事情，他都已經遭遇到了。但是他心意懈怠，奉持幾分戒律，就已經滿足了，不去求涅槃的無上妙法。無心進取，自己做些歪門邪道的事情，就已經很滿足了。

日本有句諺語：「嘲笑一塊錢的人，會為一塊錢而哭泣。」中國也有「不積跬步，無以致千里；不積小流，無以成江河」、「千里之行，始於足下。」這些話都在告訴人們，想要成就大事，就必須從小事做起。因為，任何大事都是由一件件小事發展起來的。

殺群牛喻

【引語】

面對不幸，面對潦倒，我們所要做的不是怨天尤人，自暴自棄；而應該是放棄悲觀情緒，選擇一個長遠目標不斷的捕捉生存智慧，承受苦難，面對打擊，最終站在成功的高台上俯視天下！

【原文】

昔有一人，有二百五十頭牛，常驅逐水草，隨時餵食。時有一虎，啖食一牛。

爾時牛主即作念言：「已失一牛，俱不全足，用是牛為！」即便驅至深坑高岸，排著坑底，盡皆殺之。

凡夫愚人，亦復如是。受持如來具足之戒，若犯一戒，不生慚愧，清淨懺悔，便作念言：「我已破一戒，既不具足，何用持爲？」一切都破，無一在者。如彼愚人，盡殺群牛，無一在者。

【譯文】

從前有一人，養了二百五十頭牛，常常趕著牛群到水草充足的地方，讓牠們隨時都有草吃。後來有隻老虎吃掉了他的一頭牛。

這時，牛的主人這樣想：「已經失去了一頭牛了，牛群已經不完整了，那我還要其他的牛幹什麼！」於是就把牛趕到一個下面是深坑的高崖上，把牛全推到坑底，全都殺掉了。

凡夫俗子和愚蠢的人也是這樣。受持了具足圓滿的戒律，如果破了其中的一條就不完整了，其他條還要受持下去嗎？於是就把戒全都破了，就像那個蠢人一樣，把一群牛全殺了，一頭也沒留下。

人生不可能一帆風順，什麼事情都是在經歷過一次次的失敗後才能總結成功的經驗，就如同愛迪生做了無數次實驗，失敗了無數次，才獲得最後的成功。

見他人塗舍喻

【引語】

為目的選擇合適的材料，才是正確的方法。把所有的名貴藥材硬湊在一起，也不能組成一味療效很好的中藥，仍舊是不能治病的，這個道理每位中醫大夫都懂。物盡其用，因用使物，理解起來恐怕不會困難。

使物如此，用人亦然。但是這個道理恐怕就不那麼人盡皆知了。現在很多用人單位一味強調員工的高學歷，許多人不得不脫離實際工作情況去取得更高的學歷，甚至貸款去學習以後自己也用不上的專業，致使學歷浮誇之風瀰漫，假學歷盛行。不僅沒有使人真正提高能力和工作水準，反而更加的疲憊不堪。就算真正有高學歷又怎樣，在許多事務性特點突出的工作領域也用不上。這種看重學歷的思想，恰是對知識的褻瀆。有些領導幹部覺得自己手下的人學歷高了，自己面子上就更有光彩。當然，以借提高學歷為名，行裁員減負之實，則另當別論了。

【原文】

昔有一人，往至他舍，見他屋舍牆壁塗治，其地平正，清淨甚好。便問之言：「用何和塗，得如是好？」

主人答言：「用稻穀杙浸令熟，和泥塗壁，故得如是。」

愚人即便而作念言：「若純以稻杙，不如合稻而用作之，壁可白淨，泥治平好。」

便用稻穀和泥，用塗其壁。望得平正，返更高下，壁都坼裂，虛棄稻穀。都無利益，不如惠施，可得功德。

凡夫之人，亦復如是。聞聖人說法，修行諸善，捨此身已，可得升天，及以解脫，便自殺身，望得升天，及以解脫。徒自虛喪，空無所獲，如彼愚人。

【譯文】

從前有一個人，到了別人家裏，見人家房子的牆壁塗得很好，而且也很平，乾乾淨淨的，感覺非常好，就問主人：「你用什麼東西把牆塗抹得這麼好呢？」

主人回答說：「把稻穀殼浸在水裏，等它發酵了，就和在泥裏塗在牆上，所以才這個樣子。」

這個蠢人當時就這麼想：「如果光用稻殼的話，就不如用稻米和在泥裏，這樣牆可以更加白淨，也更加平整。」回家以後他就把稻米和在泥裏塗抹牆壁。想要它平整，沒料到反而更高低不平，牆壁到處開裂，白白浪費了稻米，一點好處也沒得到。還不如把稻米施捨給窮人，那樣還可以積點功德。

凡夫俗子也是這樣。聽到聖人說法，講修習各種善法，死後就能升天，得到解脫。於是就自殺，想升到天上，得到解脫。白白地送了性命，什麼也沒能得到，就像那個愚人一樣。

當我們忙碌於生活或工作時，也需要靜下心來，想一想我們做事的方法是否妥當。

欲食半餅喻

【引語】

在你得到想要的東西之前，你必須先得付出一些東西，收穫不會憑空產生，只想要成功，卻不懂得成功背後的艱辛，要知道不勞而獲的事只是空想。

【原文】

譬如有人，因其饑故，食七枚煎餅。食六枚半已，便得飽滿。其人嗔恚，以手自打，而作是言：「我今飽足，由此半餅。然前六餅，唐自捐棄。設知半餅能充足者，應先食之。」

世間之人，亦復如是。從本以來，常無有樂，然其癡倒，橫生樂想。如彼癡人，於半番餅，生於飽想。世人無知，以富貴爲樂。夫富貴者，求時甚苦；

既獲得已，守護亦苦；後還失之，憂念複苦；於三時中，都無有樂。猶如衣食，遮故名樂；於辛苦中，橫生樂想。諸佛說言：「三界無安，皆是大苦；凡夫倒惑，橫生樂想。」

【譯文】

有個人，因為太餓的緣故，一連吃了七張煎餅。當他吃到六張半的時候，就已經飽了。

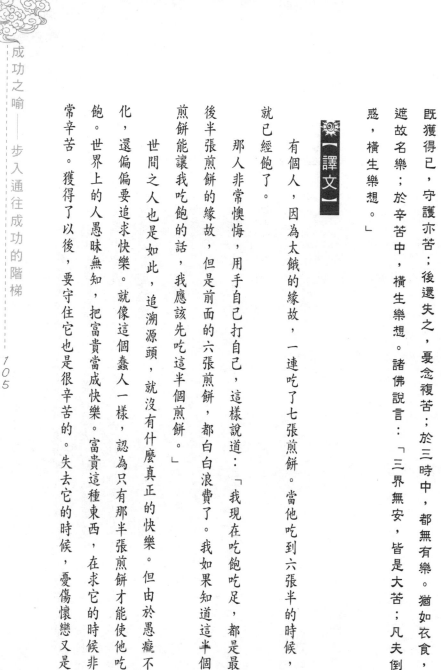

那人非常懊悔，用手自己打自己，這樣說道：「我現在吃飽吃足，都是最後半張煎餅的緣故，但是前面的六張煎餅，都白白浪費了。我如果知道這半個煎餅能讓我吃飽的話，我應該先吃這半個煎餅。」

世間之人也是如此，追溯源頭，就沒有什麼真正的快樂。但由於愚癡不化，還偏偏要追求快樂。就像這個蠢人一樣，認為只有那半張煎餅才能使他吃飽。世界上的人愚昧無知，把富貴當成快樂。富貴這種東西，在求它的時候非常辛苦。獲得了以後，要守住它也是很辛苦的。失去它的時候，憂傷懷戀又是很苦。從早到晚，沒有絲毫快樂。這就像衣物食物可以遮體療饑，就認為著衣、吃飯是樂事一樣。在辛苦中卻要生出快樂的想法。所以諸佛說法道：「在慾界、色界、無色界三界中是沒有真正的安樂的，它們全都是些大痛苦。凡夫俗子顛倒迷惑，硬要把痛苦看成歡樂。

每一個成功的人，在確定了自己的正確道路後，都在不屈不撓地堅持著，忍耐著，直到勝利。

索無物喻

【引語】

事物沒有定相可以區別，所以就以名相呼。「無物」合起來是個概念，表示「沒有東西」的意思。並不是說有「無物」這樣一個東西。一切諸法本性為空，無形相可得，稱「無相」。也並不是說有「無相」可見可得。

現在的社會上，也有一些人總愛故意隱瞞實際，然而，這個時候你要分辨事非，看看哪些是善意的，哪些是惡意的。

【原文】

昔有二人，道中共行，見一人將胡麻車在險路中不得前。時將車者語彼二人：「佐我推車出此險路。」

二人答言：「與我何物？」

將車者言：「無物與汝。」

時此二人即佐推車，至於平地，語將車人言：「與我物來。」

答言：「無物。」

又復語言：「與我『無物』。」

二人之中，其一人者，含笑而言：「彼不肯與，何足爲愁。」

其人答言：「與我無物，必應有『無物』。」

其一人言：「『無物』者，二字共合，是爲假名。」

世俗凡夫著無物者，使生無所有處。第二人言「無物」者，即是無相、無願、無作。

【譯文】

從前有兩個路人一起行走，看見一個人推著一車胡麻，在險峻的路上無法行走。推車的人對這兩人說：「請幫我把車推出這段險路。」

這兩個人說：「你要給我們什麼東西，當作報酬呢？」

推車的人說：「無物可送。」

當時這兩個人就幫他推車，推到平坦的地方，就對推車的人說：「給我東西。」

推車的人說：「無物可送。」

這兩人又說：「就給我們『無物』好了。」

兩個人中的一個笑著說：「他不肯給，也用不著發愁。」

另一個說：「給我們『無物』，肯定有『無物』這種東西。」

那個人回答說：「『無物』兩個字合起來，只不過是一種假借之名。」

世俗的凡夫執著於「無物」，產生了一種「無所有處」的假像。第二個人說的「無物」，其實就是無相、無願、無作。

避免所有批評的唯一方法就是：只管做你心裡認為對的事——因為你反正是會受到批評的。

踢長者口喻

【引語】

中國人有句話叫「拍馬屁，拍到馬腿上了」，用到這個蠢人身上很合適。這則故事講的是一個時機問題，勸人要把握住時機。這種道理運用到正經事上會使人們受益匪淺，但是如果被小人所用，用到做壞事上，也會貽害無窮。比如，那個蠢人忽然開竅了，把握了踩痰的時機，這世界上就又多了一個不要臉的阿諛奉承之徒。

小人之所以最終遭到淘汰，就是因為他們沒有人格和原則。即使在他們最輝煌的時刻，他們也只不過是個小人而已，有人羨慕他們的財富和地位，卻沒人尊敬他的人格。就像那個蠢人一樣，再怎麼努力，也不過是個給人踩痰的。

【原文】

昔有大富長者，左右之人，欲取其意，皆盡恭敬。長者唾時，左右侍人，以腳蹋卻。有一愚者，不及得蹋，而作是言：「若唾地者，諸人蹋卻。欲唾之時，我當先蹋。」

於是長者正欲咳唾時，此愚人即便舉腳蹋長者口，破脣折齒。長者語愚人言：「汝何以故，蹋我脣口？」愚人答言：「若長者唾出落地，左右諂者已得蹋去；我雖欲蹋，每常不及。以是之故，唾欲出口，舉腳先蹋，望得汝意。」

凡物須時，時未及到，強設功力，返得苦惱。以是之故，世人當知時與非時。

【譯文】

從前有一個大富翁，身邊侍奉他的人都想討他的歡心，都對他畢恭畢敬。富翁吐痰的時候，左右侍奉的人就用腳把痰踩掉。

有個蠢人，從來就沒找著機會踩痰，於是就這麼想：「如果等痰吐到地上，就被別人爭著踩掉。看來只有在他剛想吐的時候，我就搶先踩掉。」於是當富翁正想咳嗽吐痰的時候，這個蠢人就抬腳踏到富翁的嘴巴上，把富翁的嘴唇踏破了，牙齒也踏斷了。

富翁問這個蠢人：「你為什麼要踩我的嘴呢？」

蠢人回答說：「如果等您痰咳出來吐在地上，您身邊想討好您的人就會爭著去踩掉。我雖然想踩，可總是來不及。因此，我見您剛想吐痰的時候，就先抬腳去踩，希望能得到您的歡心。」

一切事物都需要時機，時機還未成熟時，就勉強為之，反而會有苦惱。因此，世人做事情時要合乎時宜，要知道什麼時候該做，什麼時候不該做。

心懷惡念的人，常想著要對別人設下圈套，卻不明白，總有一天，自己也會落入別人的網中，因此，千萬不要以傷害他人的方式來換取自身的利益。因為，這是最愚蠢的方法。

觀作瓶喻

【引語】

人生中總是會碰到種種誘惑，但是我們一定要清醒地認識到，什麼才是我們真正需要和追求的，有時候適時地捨棄一些東西是必要的，因為失去和擁有永遠是相對的，沒有失去也就談不上擁有。一個敢於捨棄的人，在捨棄的同時已經擁有了人生的智慧。有選擇就會有放棄，放棄對每一個人來說，都有一個痛苦的過程，因為放棄意味著可能永遠不再擁有。但是，不會放棄，想擁有一切，最終你將一無所有，這是生命的無奈之處。

【原文】

譬如二人至陶師所，觀其蹋輪而作瓦瓶，看無厭足。一人捨去，往至大會，極得美膳，又獲珍寶。一人觀瓶，而作是言：「待我看訖。」如是漸冉，乃至日沒，觀瓶不已，失於衣食。愚人亦爾，修理家務，不覺非常。今日營此事，明日造彼業。

諸佛大龍出，雷音遍世間。
法雨無障礙，緣事故不聞。
不知死卒至，失此諸佛會。
不得法珍寶，常處惡道窮。
背棄於正法。
彼觀緣事瓶，終常無竟已。
是故失法利，永無解脫時。

【譯文】

有兩個人來到陶匠的工作坊裏，看陶工用腳踏轉輪製作瓦瓶，興趣十足，百看不厭。一個人離開作坊到了大會場上，吃到了極其美味的食物，又獲得了珍寶。另一個人看著瓶子心想：「等我看完了再說。」這樣一直看到太陽落山，因為沒完沒了地看瓦瓶，錯過了吃飯。愚蠢的人也是這樣，終日操勞於家庭事務，並不覺得每天有什麼不一樣的。今天做這件事，明天做那件事。

佛像龍一樣出世，法音如雷傳世間。
佛法如雨無阻礙，俗事纏身不聽法。
不知不覺死期至，失去修行理佛機。
沒有得到真佛理，常處惡道窮途中。
與正法相背離。
如那看瓶人，終止於沒窮盡。
因此失去佛指引，永遠沒有解脫時。

把一切都奉獻出來的人是最可貴的。同樣，你在失去的同時，也意味著擁有。

見水底金影喻

【引語】

事物是有關聯性的。不能光看表面現象，還要思考它們之間的內部聯繫。不能抓住一點，而不顧及其他因素。

人們常用「緣木求魚」比喻做荒唐可笑之事，但是在洪水退後的樹上，找到幾條死魚並不是什麼難事。所以，「緣木求魚」必須是在一定條件下是成立的。

【原文】

昔有癡人，往大池所，見水底影，有真金像，謂呼「有金」，即入水中，撓泥求覓，疲極不得。還出複坐。須臾水清，又現金色，複更入裏，撓泥更求覓，亦複不得。

其父覓子，得來見子，而問子言：「汝何所作，疲困如是？」

子白父言：「水底有真金，我時投水，欲撓泥取，疲極不得。」

父看水底真金之影，而知此金悉在樹上。所以知之，影現水底。其父言曰：「必飛鳥銜金，著於樹上。」即隨父語，上樹求得。

凡夫愚癡人，無智亦如是。於無我陰中，橫生有我想。如彼見金影，勤苦而求覓，徒勞無所得。

【譯文】

從前有一個蠢人，來到了一個水池旁邊，看到水底有真金的影子，就叫了起來：「有金子。」他跳進水裏在淤泥裏摸了半天，累得筋疲力盡也沒摸到。爬上岸後坐下來休息，過了一會兒水變清了，又出現了黃金的影子，他又跳進池裏，在泥巴裏尋找，還是沒有找到。

他父親來找他，看到他這副模樣，就問：「你幹什麼累成這個樣子？」

兒子告訴父親：「水裏面有金子，我跳進水裏好幾次，在泥巴裏尋找金子，累個半死也沒找到。」

父親仔細看了水底金子的影子之後，知道金子本在樹上，是影子映在了水底。他父親說：「這肯定是鳥把金子銜到了樹上。」兒子聽了父親的話，在樹上果然找到了金子。

世上愚蠢癡迷的人，也是這樣。在無我的五蘊之身中，硬要生出有我的想法，就像那個蠢人見到了金子的影子，就辛辛苦苦地尋找，白費力氣，結果是一無所獲。

對事物的正確估計和認識來自於細緻耐心的觀察，只有如此，才能做到有的放矢，成就事業。

梵天弟子造物因喻

【引語】

做人做事不能模棱兩可、似是而非、含糊不清。另外，作人應當有自知之明，不能自以為可以創造萬物，但卻因自身力量有限，結果卻畫虎不成反類犬。所以，生活中我們確實應該要有自己的目標，但是所定的目標必須要以自己的實際能力為依據，這樣目標才有實現的可能。否則即使費盡心力，也難成功。

【原文】

婆羅門眾皆言：「大梵天王是世間父，能造萬物，造萬物主者。」

有弟子言：「我亦能造萬物。」實是愚癡，自謂有智，語梵天言：「我欲造萬物。」

梵天王語言：「莫作此意。汝不能造。」

不用天語，便欲造物。

梵天見其弟子所造之物，即語之言：「汝作頭太大，作項極小；作手太大，作臂極小；作腳極小，作踵極大；如似毘舍闍鬼。」

以此義當知各自業所造，非梵天能造。諸佛說法，不著二邊，亦不著斷，亦不著常，如似八正道說法，諸外道見是斷常事已，便生執著，欺誑世間，作法形像，所說實是非法。

【譯文】

婆羅門的信徒都說：「大梵天王是世間之父，能創造萬物。是萬物的主宰。」

有一個弟子說：「我也能創造萬物。」這實在是愚昧無知，還自以為聰明。他對梵天王說：「我想要創造萬物。」

梵天王說：「不要有這種想法，你不能創造萬物的。」

他不聽梵天王的話便開始造物。

梵天王見他的弟子所創造的東西後就對他說：「你做的頭太大，脖子太小，做的手太大而胳膊太細，做的腳太小而腳後跟又太大。做的好像個餓鬼。」

從這個事例應當知道各種事物都有自己形成的原因，並非梵天王所能創造的。諸佛講經，並不執意於事物的兩個極端，也不執意於堅持事物的間斷性和永恆性。就如同八正道那樣不偏不斜，佛教以外的其他教派見到一些斷、常的現象後，就執著於斷與常，欺騙世人，講了一些類似法的東西，但實際上並非真正的佛法。

人的生活中有成功，也有失敗，我們要客觀地認識自己。因此，作為一個想做大事業的青年人，對自己要有正確的認識。

口誦乘船法而不解用喻

【引語】

這是典型的「紙上談兵」，那個長者之子「善誦入海捉船方法」，只是完成了一定的知識儲備，從知識角度來看，他比一般人只是多了些見識。如果在陸地上，可能別人會羨慕他的博學。但是如在「無風三尺浪」的大海上，他的作用就遠遠比不上目不識丁的老漁民。在海上，僅有知識儲備是無用的，而是要看實實在在的嫻熟駕船技能。

沒有經過實踐磨煉的空頭理論家，往往會給人們帶來災難性後果，儘管他們的出發點可能是好的，儘管人們對他們抱有很大的信心。很多事情都是在旁邊看著容易，做起來其實很難。

【原文】

昔有大長者子，共諸商人入海採寶。此長者子善誦入海捉船方法，若入海水漩洑洄流磯激之處，當如是捉，如是正，如是住。語眾人言：「入海方法，我悉知之。」眾人聞已，深信其語。既至海中，未經幾時，船師遇病，忽然便死。時長者子即便代處。至漩洑洄駛流之中，唱言當如是捉，如是正。船盤回旋轉，不能前進，至於寶所。舉船商人沒水而死。

凡夫之人，亦復如是。少習禪法，安般數息，及不淨觀，雖誦其文，不解其義。種種方法，實無所曉，自言善解，妄授禪法，使前人迷亂失心，倒錯法相，終年累歲空無所獲。如彼愚人使他沒海。

【譯文】

從前有位長者的兒子，和一些商人到海上採集珠寶。

此位長者的兒子擅長背誦入海駕船的方法。如果遇到海水有旋渦、暗流、險灘之時，應當如何駕駛、如何航行、如何停船等方法。他對眾人說：「如何在大海中行船的方法，我全都熟悉。」

眾人聽了之後深信不疑。

等到船到了海中沒多久，船長得病忽然死去了。這時長者的兒子就代替他來駕船，到了旋渦之處，他就大聲喊著應當這樣駕、這樣撐。船在旋渦中盤旋打轉，無法繼續行進到達有珍寶的地方。全船的商人都被淹死了。

世俗之人也是這樣，學了一點禪法，知道了一點數息觀及不淨觀的觀法，雖然能誦念經文，但並不瞭解它們的意義。對於禪門中的修行方法也並不知道，卻自稱善解禪法，於是就胡亂傳授，致使前來學法之人迷亂失心，顛倒了禪法的正相，這樣長年累月地修習，將一無所獲，就像那位愚人駕船一樣，使別人淹沒於大海中。

人生，需要的是踏踏實實、一步一腳印地攀登，妄想「一步登天」，一夜之間就功成名就，這種想法固然可貴，但我們便應該知道「萬丈高樓平地起」的道理，空中樓閣即使能建立起來，也經不起任何考驗。

夫婦食餅共爲要喻

【引語】

這一則故事恰與歐洲一首流傳很廣的民諺相合：爲了得到一根鐵釘，我們失去了一塊馬蹄鐵；爲了得到一塊馬蹄鐵，我們失去了一匹駿馬；爲了得到一匹駿馬，我們失去了一名騎手；爲了得到一名騎手，我們失去了一場戰爭的勝利。爲了一根鐵釘而輸掉一場戰爭，這正是不懂得及早放棄的惡果。

人生莫不是如此，左右爲難的情形會時常出現，爲了得到一半，必須放棄另一半。若過多地權衡，患得患失，到頭來將兩手空空，一無所得。易捨處捨，不易捨處，亦能捨。智者能夠捨棄本不屬於自己的東西！

【原文】

昔有夫婦，有三番餅，夫婦共分，各食一餅。餘一番在，共作要言：「若有語者，要不與餅。」

既作要已，爲一餅故，各不敢言。

須臾有賊，入家偷盜，取其財物，一切所有盡畢賊手。

夫婦二人以先要故，眼看不語。

賊見不語，即其夫前，侵略其婦，其夫眼見，亦複不語。

婦便喚賊，語其夫言：「云何癡人，爲一餅故，見賊不喚？」

其夫拍手笑言：「咄！婢，我定得餅，不復與爾。」

世人聞之，無不嗤笑。

凡夫之人，亦復如是。爲小名利故，詐現靜默，爲虛假煩惱種種惡賊之所侵略，喪其善法，墜墮三途，都不怖畏。求出世道，方於五欲，耽著嬉戲，雖遭大苦，不以爲患。如彼愚人等無有異。

【譯文】

從前有對夫婦，家裏有三張餅，兩人各吃了一張，還剩下了一張，兩人就約定好說：「誰要先說話，就得不到這張餅。」

約定好之後，為了這張餅，兩個人都不敢說話。

過了一會兒，有個賊到他們家來偷東西，把所有值錢的東西都偷到了手裏。

夫婦兩個因為那個約定，都眼睜睜地看著賊偷東西，誰也不說話。這個賊見他們不說話，就在丈夫面前，輕薄他的妻子。丈夫親眼看著，還是不說話。

妻子便大喊有賊，對她丈夫說：「你這個傻瓜，怎麼會為了一張餅，看見賊也不喊？」

丈夫拍手笑道：「咄！笨女人，餅是我的了，我不會再分給你了！」

世人聽了這件事後，沒有不嘲笑他們的。

世間凡夫也是這樣。為了一點名利，裝出一副心靜如水的樣子，其實已經被虛假的煩惱等種種惡賊侵擾了，喪失了本來的清淨善法，墮於三惡道之中，卻不知道害怕。追求出世之道，卻還貪戀五欲，雖然要遭受大苦難，卻不以為患。這與上面說的笨丈夫沒有什麼差異。

學會放棄，本身就是一種淘汰，一種選擇，淘汰掉自己的弱項，選擇自己的強項。放棄不是不思進取，恰到好處的放棄，正是為了更好地進取。

月蝕打狗喻

【引語】

人生中為了能獲得一定的成績受些磨難是不可避免的事情，但是如果沒有智慧的認為吃苦就可成功則是愚蠢。所以，我們不能把吃苦教育和挫折教育混為一談。因為吃苦的結果有兩種：成功與失敗。當吃苦的結果等於成功時，吃苦教育就不等於挫折教育了。我們不否認吃苦是一條成功之路，但它不是「成功的必經之路」。吃苦不等於成功，它與成功雖有很大的關係，

但並無必然的因果聯繫。成功是一種態度，如果誇大了吃苦的作用，勢必會給人留下成功太難太沉重的陰影。所以，我們必須要經歷挫折教育這一課，如果沒有的話，那麼到了一定年齡階段，突然面對挫折我們的精神會很容易崩

潰。

【原文】

昔阿修羅王，見日月明淨，以手障之。無智常人，狗無罪咎，橫加於惡。凡夫亦爾。貪瞋愚癡，橫苦其身，臥荊棘上，五熱炙身。如彼月蝕，枉橫打狗。

【譯文】

從前阿修羅王看見日月明亮清淨，就用手把它遮住。那些沒有頭腦的人卻以為月蝕是天狗把月亮給吃了，就把罪過加在狗身上，月蝕時就去打狗。世間凡夫也是這樣。由於貪、瞋、愚、癡，使自己受各種苦，就睡在荊棘上，用火烤炙身體。就像月蝕的時候冤枉狗、亂打狗一樣。

生活中有成功和榮譽，也免不了挫折與失敗。有的人會因為一次過失，背上沉重的心理負擔，一生都在痛苦中度過。其實這樣做不但有害，而且於事無補。正確的方法是坦然面對它，避免犯同樣的錯誤，只有這樣才能夠維護自己的尊嚴。

父取兒耳璫喻

【引語】

有人總是把眼前的利益看得很重，結果失去了永遠的利益，真正的聰明人是寧吃眼前虧，而換來人生的大勝利。懂得吃眼前虧，才能養精蓄銳，等待時機，取得最後的勝利。

【原文】

昔有父子二人緣事共行，路賊卒起，欲來剝之。其兒耳中有真金璫，其父見賊卒發，畏失耳璫，即便以手挽之，耳不時決。爲耳璫故，便斬兒頭。須臾之間，賊便棄去，還以兒頭著於身上，不可平復。

如是愚人，爲世所笑。

凡夫之人，亦復如是。爲名利故，造作戲論，言無二世，有二世；無中陰，有中陰；無心數法，有心數法；無種種妄想，不得法實。他人以如法輪破其所論，便言我論中都無是說。如是愚人，爲小名利，便故妄語，喪沙門道果，身壞命終，墮三惡道。如彼愚人爲小利故斬其兒頭。

【譯文】

從前有父子二人，由於外出辦事一同行走。在路上突然遇到了盜賊，想要奪取父子的財物。

這個兒子的耳朵上戴有真金做的耳環。那個父親看見盜賊突然出現，害怕耳環被賊搶走，於是就用手去拉兒子的耳朵，想將耳環拉下來，但是並沒有拉斷。為了真金的耳環，這個父親就砍下了兒子的頭。

不一會兒的工夫，盜賊全都走了。父親將砍下的頭又放到兒子的肩上，但是無論如何都接不回去了。

像這樣愚笨的人，被世間的人所嘲笑。

世間凡夫也是一樣，為了追求名利，製造了很多不嚴肅、不正確的論調，比如說：「人沒有前生和後世，人有前生和後世；人死後沒有中陰身，人死後有中陰身；沒有調節心數的方法，有調節心數的方法；沒有各種不同的妄想，有各種不同的妄想，不能獲得佛法的真實。」有人用佛陀的如法正論駁斥了這種人所造的邪說，於是這人就說：「我的理論當中根本就沒有這些觀點。」像這樣的愚人，為了追求很小的名利，就隨便地胡亂說話，喪失了沙門的道果，等到身死命終之後，墮入到三惡道之中，就好像譬喻中的那個愚人，為了那一對小小的耳環，把他獨生子的頭砍了下來。

不要因小失大，做事情要有目標，不要過於盲目。

地得金錢喻

【引語】

機遇對每個人來說都是可遇而不可求的，要懂得把握，不要失去後才後悔。

【原文】

昔有貧人，在路而行，道中偶得一囊金錢，心中大喜悅，即便數之。數未能周，金主忽至，盡還奪錢。其人當時悔不疾去，懊惱之情，甚為極苦。遇佛法者，亦復如是。雖得值遇三寶福田，不勤方便，修行善業，忽爾命終，墮三惡道。如彼愚人還為其主奪錢而去。如偈所說：今日營此事，明日造彼事。

樂著不觀苦，不覺死賊至。

匆匆營眾務，凡人無不爾。

如彼數錢者，其事亦如此。

【譯文】

從前有一個窮人在路上行走，在路上偶然拾得了一袋子金錢，心裏十分高興，於是就馬上數起錢來。還沒等數清楚，金錢的主人忽然就來了，便將所有撿來的錢都歸還給失主。

這個窮人當時悔恨得不能離去，懊惱之情實在是極為痛苦。

能夠遇到佛法的人也是一樣。雖然能夠遇到三寶的福田，但不能勤修方便法門，修行善的業報。突然命終身死，墮入三途惡道。就好像譬喻中的那個愚人，最終還是將撿來的錢還給了失主。正如偈文中所說的：今天做了這件事，明天又做了那件事。

總貪於享樂中，不能察覺苦的到來，不知不覺地死亡惡賊就到來。

人們總是匆匆地做著事，世間的凡人都如此。

就像那個數錢的人，結果也是如此。

如何抓住機遇，並沒有固定的模式和準則可循，但過人的洞察力和預見能力無疑是非常重要的。

二鴿喻

【引語】

做事不能只憑一時的情緒衝動，必須要有冷靜判斷的頭腦，這樣才會使事情得以正確解決。但是，通常情況下，一遇事情控制不住火氣的人大有人在。不能控制情緒，遇事不能冷靜，並且以某種極端手段處之的人，很難成就大事。當然，控制自己的衝動不是件容易的事情，因為我們每個人的心中總是存在著理性與非理性的鬥爭。

【原文】

昔有雌雄二鴿，共同一巢。秋果熟時，取果滿巢。於其後時，果乾減少，唯半巢在。

雄嗔雌言：「取果勤苦，汝獨食之，唯有半在。」

雌鴿答言：「我不獨食，果自減少。」

雄鴿不信，瞋恚而言：「非汝獨食，何由減少？」即便以嘴啄雌鴿殺。

未經幾日，天降大雨，果得濕潤，還複如故。

雄鴿見已，方生悔恨：「彼實不食，我妄殺他。」即悲鳴命喚雌鴿：「汝何處去！」

凡夫之人，亦復如是。顛倒在懷，妄取欲樂，不觀無常，犯於重禁，悔之於後，竟何所及。後唯悲歎，如彼愚鴿。

【譯文】

從前有雄雌兩隻鴿子，住在一個巢裏。秋天果子熟的時候，牠們撿來果子裝滿了一巢。後來果子風乾體積減少了，只剩下了半巢。

雄鴿就責怪雌鴿道：「撿果子是很辛苦的，你怎麼自己吃得只剩下一半了。」

雌鴿回答說：「我沒有獨食，果子是自己減少的。」

雄鴿不相信，生氣地說：「不是你獨食，果子怎麼會減少呢？」一氣之下就用嘴啄死了雌鴿。

過了沒幾天，下了一場大雨，果子吸收了潮氣，又變成滿滿一巢了。雄鴿看到以後，開始後悔起來：「她真的沒有吃，我把她錯殺了。」就傷心地叫雌鴿：「你到哪裡去了！」

世間的凡夫也是這樣。心存顛倒妄見，貪戀五欲之樂，不去觀想世間無常的道理，違犯了重禁。後來才開始後悔，卻已經為時過晚。就像那個錯殺了雌鴿的愚蠢雄鴿一樣，只能是徒然悲鳴了。

能在一切環境中保持寧靜的心態的人，是有高度修養的人。他能冷靜地應對世間的千變萬化，坦然地對待身邊事，有一顆虛懷若谷的心靈。我們要努力培養自己的抗干擾能力，「任憑風浪起，穩坐釣魚臺」。這個「臺」，就是寧靜的心靈。

詐稱眼盲喻

【引語】

幫國王做事，或許是件苦差事，但眼睛瞎了，卻是人生中的大苦。為了逃避小苦而寧願忍受大苦，這不是蠢人又是什麼?生活中確實有一些人如同故事中的匠人，本想逃避一時之煩惱，卻因為方法不當，結果卻使得自己終生受苦。去面對你所應該面對的一切，這樣才能活出精采的人生?

【原文】

昔有工匠師，爲王作務，不堪其苦，詐言眼盲，便得脫苦。有餘作師聞之，便欲自毀其目，用避苦役。有人語言：「汝何以自毀，徒受其苦?」

凡夫之人，亦復如是。爲少名譽，及以利養，便故妄言，毀壞淨戒，身死命終，墮三惡道。如彼愚人，爲少利故，自毀其目。

【譯文】

從前有一名工匠師，為國王工作，不能忍受勞苦，就謊稱自己眼睛瞎了，於是就脫離了這個苦差事。

其他的工匠師聽到這個事情以後，便也想將自己的雙眼弄瞎，以便逃避做苦役。

有人對他說：「你為什麼要自己弄瞎自己的眼睛，使自己白白地遭受痛苦呢？」

凡夫也是如此，為了一點名譽，以及利益和別人的供養，就說妄語，毀壞了清淨的戒律，等到人死命終之時，墮入三惡道中。就好像譬喻中的愚人，為了一點好處，自己弄瞎雙眼一樣。

不知道別人在做什麼，就會很容易失去判斷力。

偈頌

【引語】

釋尊拈花微笑，傳佛法於迦葉，就是「不立文字，教外別傳」。不得已要用到文字時，也要擺脫文字的羈絆。譬喻本身並不是尊者的目的，重要的是譬喻所傳達的佛法正義。讀者不能執著於文字之上，登岸之後就要捨筏。

【原文】

此論我所造，和合喜笑語。
多損正實說，觀義應不應。
如似苦毒藥，和合於石蜜。
藥爲破壞病，此論亦如是。

正法中戲笑，譬如彼狂藥。
佛正法寂定，明照於世間。
如服吐下藥，以酥潤體中。
我今以此義，顯發於寂定。
如阿伽陀藥，樹葉而裹之。
取藥塗毒竟，樹葉還棄之。
戲笑如葉裹，實義在其中。
智者取正義，戲笑便應棄。
尊者僧伽斯那造作《癡華鬘》竟。

【譯文】

這本書是我所作，中間加上了不少讓人想笑的話。這些笑話可能有損於正義實義的論說，這要看它們和正義實義是不是相應。就像苦口的良藥，摻上些冰糖來調味。

藥是用來治病的，這部經論也是這樣。
正法裏面加上些戲語，就像藥裡加冰糖一樣。
在佛的正法中得到寂定，智慧之光普照世間。
就像服下催吐的藥，是為了滋潤人的身體。
我現在也是依此義旨，來顯發佛教的寂定。
就像阿伽陀藥，是用樹葉包好的。
把藥塗在毒瘡上以後，樹葉就可以扔掉了。
書中的嘻笑話就像裹藥的樹葉一樣，實義就包括在其中。
有智慧的人讀取它的正義後，戲笑話就應該捨棄了。
尊者僧伽斯那所作的癡人故事集到此就結束了。

包容是需要胸懷的，包容更需要一種叫做無私的東西。

第3章

做人之喻——汲取做人的智慧源泉

做人是人一生必修的功課。所以，不論你是什麼人，都要記住，做人必須先瞭解自我，正確地認識自我，並保持自己的本色。同時，要用理性客觀的標準來要求自己與別人，不可苛求完美、苛求自己或他人。

三重樓喻

【引語】

做大事不拘小節，固然是一種處事態度，但這往往也是一種很危險的做法，不拘小節有時會誤大事的事例不勝枚舉。無論是在工作中還是在生活中，做事一定要認真仔細，才能把事情做得盡善盡美。

【原文】

往昔之世，有富愚人，癡無所知。到余富家，見三重樓，高廣嚴麗，軒敞疏朗，心生渴仰，即作是念：我有錢財，不減於彼，云何頃來而不造作如是之樓？

即喚木匠而問言曰：解作彼家端正舍不？

木匠答言：是我所作。

即便語言：今可爲我造樓如彼。

是時木匠即便經地壘墼作樓。

愚人見其壘墼作樓，猶懷疑惑，不能了知，而問之言：欲作何等？

木匠答言：作三重屋。

愚人復言：我不欲作下二重之屋，先可爲我作最上屋。

木匠答言：無有是事！何有不作最下重屋，而得造彼第二之屋？不造第二，云何得造第三重屋？

愚人固言：我今不用下二重屋，必可爲我作最上者。

時人聞已，便生怪笑，咸作此言：何有不造下第一屋而得上者！

譬如世尊四輩弟子，不能精勤修敬三寶，懶惰懈怠，欲求道果，而作是言：我今不用餘下三果，唯求得彼阿羅漢果。亦爲時人之所嗤笑，如彼愚者等無有異。

【譯文】

從前，有個愚蠢的人，富有卻愚昧無知。他到另外一個富人家裏，看到一座三層的高樓，寬廣高大，寬敞亮麗，心裏十分羨慕。他想：「我的錢財並不比他少，為什麼以前沒有造一座這樣的樓呢？」

於是，就把木匠叫來問道：「你會造像他家那樣的高樓嗎？」

木匠答道：「那座樓就是我造的。」

富人便說：「那你現在就給我造一座像他那樣的高樓。」

於是木匠就開始整理地基，製造磚坯，準備造樓。

愚蠢的富人見他壘坯做屋，心裏疑惑不解，就問他：「你這是準備幹什麼？」

木匠答道：「準備造三層樓啊！」

愚蠢的富人又說：「我不想要下面兩層，你先給我造第三層。」

木匠說：「沒有這種事情！哪有不造底層就造第二層的！不造第二層，怎麼能造第三層呢？」

愚蠢的富人固執地說：「我現在就是不要下面的二層，你一定要給我造最上面的一層！」

當時的人聽說了以後都嘲笑他，大家都這麼說：「哪有不造下面一層就能造第二層、第三層的呢！」這就像佛的四輩弟子一樣，有些不能靜心修持、恭敬三寶，懶惰懈怠，卻想修得道果，於是這樣說：「現在我不要得須陀洹、斯陀含、阿那含前三果，只想求得第四果阿羅漢果。」這也被當時的人所嗤笑，他們的作為和那個愚蠢的富人沒什麼兩樣。

少了一個鐵釘，丟了一隻馬掌。少了一隻馬掌，丟了一匹戰馬。

少了一匹戰馬，敗了一場戰役。敗了一場戰役，失了一個國家。

所有的損失都是因為少了一個馬掌釘。

治禿喻

【引語】

古語云：甘瓜苦蒂，物不全美。從理念上來講，人們大都承認金無足赤，人無完人。正如世界上沒有十全十美的東西一樣，也不存在精靈神通的完人。但在認識自我，看待別人的具體問題上，許多人仍然習慣於追求完美，求全責備，對自己要求樣樣都好，對別人也往往得全衡量。

【原文】

昔有一人，頭上無毛。冬則大寒，夏則患熱，兼爲蚊虻之所唼食。晝夜受惱，甚以爲苦。有一醫師，多諸方術。時彼禿人，往至其所，語其醫言：唯願大師，爲我治之。

時彼醫師，亦復頭禿，即便脫帽示之，而語之言：我亦患之，以爲痛苦。若令我治能得差者，應先自治，以除其患。

世間之人，亦復如是。爲生老病死之所侵惱，欲求長生不老之處，聞有沙門、婆羅門等，世之良醫，善療眾患，便往其所而與之言：唯願爲我除此無常生死之患，常處安樂，長存不變。時婆羅門等即便報言：我亦患此無常生老病死，種種求覓長存之處，終不能得。今我若能使汝得者，我亦應先自得，令汝亦得。如彼患禿之人，徒自疲勞，不能得差。

【譯文】

從前有個人，頭上沒有頭髮，冬天頭冷，夏天頭熱，還會被蚊蟲叮咬。晝夜難受，非常痛苦。有一個醫生，通曉許多種方術。當時這個禿子就到醫生那裏，對醫生說：「求求大師把我的禿頭治好。」

那個醫生也是個禿頭，就把帽子摘下來給他看，告訴他：「我也有這個毛病，非常痛苦。如果我能把禿頭治癒的話，我早就把自己的毛病治好了。」

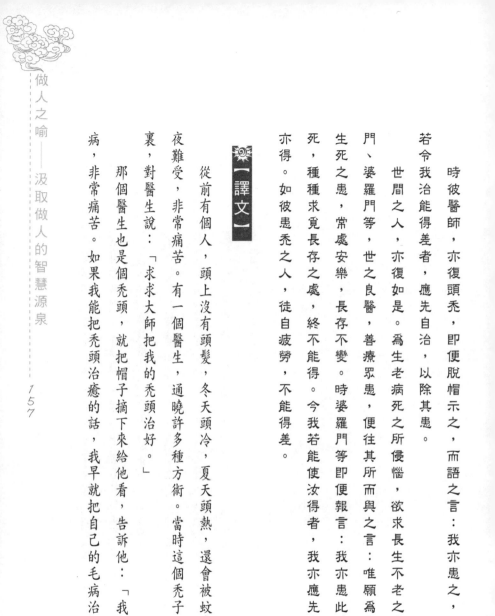

世間的人也是這樣。為生、老、病、死諸多苦惱所侵擾，想找一個長生不老的地方。聽說有些沙門、婆羅門是世界上著名的醫生，善於治病，就到他們那裏對他們說：「請你們為我解除無常生死的疾患，永遠住在一個安樂的地方，長存不變。」當時婆羅門等就回答說：「我們也為生、老、病、死這些事而苦惱，也到處去尋找能長住久安的地方，可是怎麼也找不到。今天如果我們能讓你得到的話，應該自己先得到，然後讓你也得到。」這些人也像那個禿頭一樣，白白地辛苦了一場，病卻無法治好。

生活中的許多麻煩都源於盲目的和別人攀比，而忘了享受自己的生活。

殺商主祀天喻

【引語】

古人云：人無遠慮，必有近憂。如果只是一味地被眼前的利益所迷惑，陶醉於眼前的成功，就有可能被隱藏在成功後面的危險擊倒，親嘗自釀的苦果。因此，做任何事情都必須有一個長遠的打算，一定要有居安思危的思想，才能防患於未然。

相反，一個人如果只顧及眼前的利益，其結果只會使自己困死於自己的短見之中。

【原文】

昔有賈客，欲入大海。入大海之法，要須導師，然後可去。即共求覓，得一導師。

即得之已，相將發引。至曠野中，有一天祠，當須人祀，然後得過。於是眾賈共思量言：我等伴黨，儘是親屬，如何可殺？唯此導師，中用祀天。即殺導師，以用祭祀。

祀天已竟，迷失道路，不知所去，窮困死盡。

一切世人，亦復如是。欲入法海，取其珍寶，當修善法以為導師。毀破善行，生死曠路，永無出期。經歷三塗，受苦長遠。如彼商賈將入大海，殺其導者，迷失津濟，終致困死。

【譯文】

從前有一夥商人，想渡過大海。但要渡海必須要有個嚮導，然後才能到達目的地。於是大家一起去尋找，找到了一個嚮導。

找到嚮導以後，大家就一起出發了。走到曠野中的一座天神廟時，必須要用活人祭祀，然後才能通過。

於是這些商人就聚在一起商量：「我們這些夥伴，都是親朋好友，怎麼能殺自己人祭祀呢？現在只有這個嚮導可以殺了祭天。」

於是他們就把嚮導殺了，用他祭拜了天神。

祭拜完以後，他們就迷了路，不知該往哪兒走。結果，這些商人都被困死了。

世間之人也是這個樣子：想到佛法的海洋去尋寶，就應該勤修善行以為嚮導。如果毀壞善行，在曠野的生死苦海中就永遠也解脫不出來。還要經歷火途、血途和刀途這三惡道，長期受苦。就像那些商人想渡過大海，卻殺掉了嚮導，結果迷失了方向，最後被困致死一樣。

做任何事都不要逞一時之快，要為以後多做打算。

人效王眼步瞤喻

【引語】

做人不必為了效仿他人而捨棄真正的自我。因為我們自己本身就是一座取之不竭的寶庫。最美好的事物，都是因為保留最自然的純真本性，而不是矯揉造作，刻意模仿別人，失去自己的本性。

【原文】

昔有一人，欲得王意，問餘人言：云何得之？

有人語言：若欲得王意者，王之形相，汝當效之。

此人即便往至王所，見王眼瞤，便效王瞤。

王問之言：汝爲病耶？爲著風耶？何以眼瞤？

其人答王：我不病眼，亦不著風，欲得王意。見王眼瞤，故效王也。

王聞是語，即大嗔恚，即便使人種種加害，擯令出國。

世人亦爾。於佛法王欲得親近，求其善法，以自增長。既得親近，不解如來法王爲衆生故，種種方便，現其闕短；或聞其法，見有字句不正，便生譏毀，效其不是。由是之故，於佛法中永失其善，墮於三惡。如彼愚人，亦復如是。

【譯文】

從前有個人，想討國王的歡喜，就問其他人：「怎麼樣才能討國王的歡喜呢？」

有人告訴他：「要想討國王的歡心，就去學國王的舉止。」

於是這個人就來到國王那裏，見國王的眼皮不停地跳動，就學著國王的樣子也眨巴起眼皮來。國王問他：「你是生病了，還是傷風了？為什麼眨巴眼睛呢？」

這個人回答說：「我的眼睛沒有毛病，也沒有傷風，而是為了想討國王的歡喜。見國王眨巴眼睛，所以就學著國王的樣子也眨巴起來。」

國王聽了這話非常惱火，馬上叫人狠狠地懲罰他，並把他趕出了這個國家。

世間的人也是這個樣子。知道佛法是諸法之王，所以就親近佛法，來增加自己的修行。但在親近佛法時，卻不明白佛陀為了便於眾生理會，以各種方便說法，有時難免會有措辭上的不周。有的聽到佛法，發現其中有些字句順序顛倒，便開始譏諷損毀佛法，且又專門仿效佛法的不足之處，因為這個原因，永遠不能得到佛法中的善用，墮落於三惡道，就像那個蠢人一樣。

模仿別人，永遠得不到一個完整的自己。如果每一個人都能把自己的獨特才能發揮到極點，就會使自己既顯得與眾不同，又具有說服力。

婦貿鼻喻

【引語】

好的東西不一定適合自己。平時的工作、學習、管理也一樣，別人的工作方法、學習方法、管理理念，對於別人來說，也許是最好的，但拿來套用在自己的身上，並不一定適合。因此，要珍惜自己所擁有的一切。

【原文】

昔有一人，其婦端正，唯其鼻醜。

其人外出，見他婦面貌端正，其鼻甚好，便作念言：我今寧可截取其鼻，著我婦面上，不亦好乎！

即截他婦鼻，持來歸家，急喚其婦：汝速出來，與汝好鼻。

其婦出來，即割其鼻，尋以他鼻著婦面上。既不相著，復失其鼻，唐使其婦受大苦痛。

世間愚人，亦復如是。聞他宿舊沙門、婆羅門有大名德，而爲世人之所恭敬，得大利養，便作是念言：我今與彼便爲不異。虛自假稱，妄言有德，既失其利，復傷其行。如截他鼻，徒自傷損。世間愚人，亦復如是。

【譯文】

從前有一個人，他的妻子長得很漂亮，只是鼻子有些不好看。這個人外出時，看到一個女子容貌端正，鼻子長得很好看，心裏就想：「我如果把她的鼻子割下來安到我妻子臉上，不是很好嗎！」於是就把那個女子的鼻子割下來，拿著回家，急忙叫他妻子：「你快點出來，我給你換個好鼻子。」

他妻子出來後，他就把她的鼻子割了下來，然後把另一個鼻子安到他妻子臉上。可是怎麼也安不上去，妻子原來的鼻子不但沒有了，又白白地讓妻子受了很多的痛苦。

世間愚蠢的人也是這個樣子。有人聽說一些長年的修行人和婆羅門享有盛德大名，世人對他們非常恭敬，給他們豐富的供養，便這樣說：「我現在和他們沒什麼兩樣。」於是，就自我吹噓，說自己有很高的德行。這樣，既得不到想得到的好處，又損害了他的原貌。就像那個割人鼻子的蠢人一樣愚蠢。

別人所穿著的漂亮服飾，並不一定適合自己。適合自己的，才是最好的。

牧羊人喻

【引語】

一個誠實的人，必然會受到他人的喜愛和敬重，一個勤勞的人，必然會得到成功的回報，一個勤勞而又誠實的人，最終一定會得到好運，這是一種必然。因此，做人要實際些，為自己應該得到的或已失去的去高興或傷心，而不要整日假想，到頭來一無所有，一事無成。

【原文】

昔有一人，巧於牧羊，其羊滋之多，乃有千萬。極大慳貪，不肯外用。時有一人，善於巧詐，便作方便，往共親友，而語之言：我今共汝極成親愛，便爲一體，更無有異。我知彼家有一好女，當爲汝求，可用爲婦。

牧羊之人聞之歡喜，便大與羊及諸財物。

其人復言：汝婦今日已生一子。

牧羊之人未見於婦，聞其已生，心大歡喜，重與彼物。

其人後復而與之言：汝兒已生，今死矣！

牧羊之人聞此人語，便大啼泣，歔欷不已。

世間之人，亦復如是。既修多聞，爲其名利，祕惜其法，不肯爲人教化演說。爲此漏身之所誑惑，妄期世樂，如己妻息，爲其所欺，喪失善法，後失身命，並及財物，便大悲泣，生其憂苦。如彼牧羊之人，亦復如是。

【譯文】

從前有一個人，很會牧羊。他的羊越來越多，不久就有了成千上萬隻了。但他的為人非常吝嗇，從不肯讓別人使用自己的東西。

當時有一個人，善於詐騙，便設好了圈套，和牧羊人結為親戚後，對他說：「我現在和你關係非常親密，就像一家人，不分彼此。我知道有戶人家有一個很漂亮的女兒，我去替你求親，讓她來做你的老婆。」

牧羊人聽了以後非常高興，就給了他很多羊和別的財物。

那人又對他說：「你老婆已經為你生下一個兒子了。」

牧羊人還沒有見過他的老婆，就聽說已經為他生下一個兒子，心裏非常高興，又給了他很多東西。

那人後來又對他說：「你兒子已經出生，但現在死掉了。」

牧羊人聽了這些話，便痛哭流涕，悲傷不已。

世間的人也是這個樣子。廣泛研習了佛教教義，卻為了名利，把佛法隱匿起來，不肯把知識傳授給其他人，不去宣揚佛法的妙理，而是被這個有漏身體的迷惑，妄求世間的歡樂。把這些虛妄的東西看做如自己的妻小一般親密，被這些私心所欺騙，喪失了一切善法。最後失去了性命和財物，就非常悲痛，陷於憂愁痛苦之中。這就和那個牧羊人沒什麼兩樣了。

每個人都有美麗的夢想，當有這個夢想的時候，很多人就會不遺餘力地去努力實現它。沒有實現夢想的人，往往是因為一開始就想做一件自己根本無法做到的事情。

估客偷金喻

【引語】

偷竊別人東西的同時，自己也正在喪失一些寶貴的東西。目光短淺的人只能迎接失敗，即使他們曾經擁有過很優越的條件，他們往往被眼前的利益所迷惑，在透支享受今天的同時，忽略或忘記了給明天播種，最後只能被明天拋棄。眼前的利益或許很具誘惑力，但你必須知道什麼才是真正值得你期待的。

【原文】

昔有二估客，共行商賈：一賣真金，其第二者賣兜羅綿。有他買真金者，燒而試之。第二估客即便偷他被燒之金，用兜羅綿裹。時金熱故，燒綿都盡。情事既露，二事俱失。

如彼外道，偷取佛法，著己法中，妄稱己有，非是佛法。由是之故，燒滅外典，不行於世。如彼偷金，事情都現，亦復如是。

【譯文】

從前有兩個商人在一起做買賣，一個賣金子，一個賣兜羅綿。有個買金子的人，把金子放在火上燒，來辨一下真偽。另一個商人就偷了燒過的金子，把它裹在兜羅綿裏面。因為金子還很熱，所以兜羅綿就全燒光了。事情敗露了，金子沒得到，兜羅綿也沒有了。

就像外教徒一樣，偷了佛法放在自己的法中，就謊稱這是他自己的，而不是佛法。但是正因如此，佛理進入了教外法典，反而會燒毀了它們，使之不再流傳於世。就像那個偷金子的商人一樣，事情敗露後，信用和綿就都沒有了。

慾望往往伴隨著成長而膨脹開來，因此導致了一些靈魂的墮落。在這個物欲橫流的時代，保持誠實和骨氣，是一個人的立身之本。

飲木筒水喻

【引語】

我們做人做事千萬不要因個人的一時好惡和心血來潮，去論人論事。如果對事物缺乏理性的態度和客觀的標準，則極易受到他人的暗示和引誘。

社會生活就是一齣戲，每個人都扮演其中一個角色。扮演者的行為舉止應和角色相符。但他們往往做不到，因為他們常常會遭到排斥，受到旁人的譏笑。你可能並不樂意扮演你所分配到的角色，劇組又不同意你更換，你應該意識到你有離開劇組選擇另一齣戲的自由。

【原文】

昔有一人，行來渴乏，見木筒中有清淨流水，就而飲之。

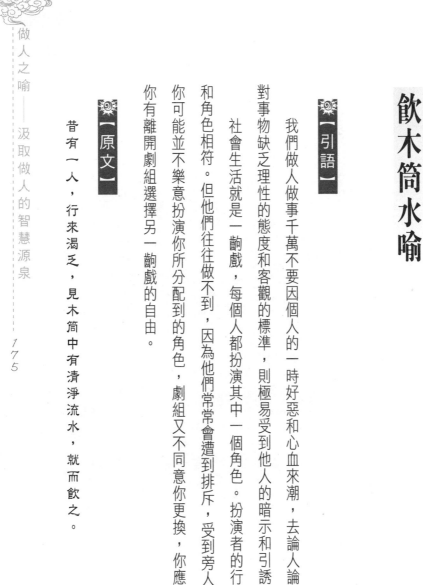

飲水已足，即便舉手語木桶言：我已飲竟，水莫復來。雖作是語，水流如故。便瞋恚言：我已飲竟，語汝莫來，何以故來？有人見之言：汝大愚癡，無有智慧。汝何以不去，語言莫來？即為挽卻，牽餘處去。

世間之人，亦復如是。為生死渴愛，飲五慾鹹水。既為五慾之所疲厭，如彼飲足，便作是言：汝色聲香味，莫復更來使我見也。然此五慾相續不斷，既見之已，便復瞋恚：語汝速滅，莫復更生。何以故來，使我見之？時有智人而語之言：汝欲得離者，當攝汝六情，閉其心意，妄想不生，便得解脫。何必不見，欲使不生？如彼飲水愚人，等無有異。

【譯文】

從前有一個人，走路走得又渴又累，看見木筒裏流著清淨的水，就跑過去就著木筒喝起來。

喝足了以後，他舉起手對木筒說：「我已經喝夠了，不要再流出水來了。」

他雖然說了這話，可水還是像剛才那樣流個不停。這人便非常生氣，說：「我已經喝夠了，告訴你不要再流出來了，為什麼還要流出來呢？」

有人看見他這個樣子，就說：「你真是愚蠢，一點腦子也沒有。你自己為什麼不離開，卻叫水不要再流？」於是就把這個人拉到其他地方去了。

世間的人也是這樣。由於迷戀生死，迷戀著五慾的享樂。當他對五慾的享樂已感到疲乏厭倦時，就會像那個喝足了水的人那樣說：「你們這聲、香、色、味、觸，五種慾望不要再讓我見到。」但這五慾還是持續不斷地出現。這個人見到以後，便又生起氣來：「我跟你們說了讓你們趕快消失，不要再出現了。為什麼還要出現，讓我看到呢？」當時有一位聰明人對他說：「你要想離開五慾，就應該收起六根引起的情識，關閉通向五慾的心門，不產生妄想，自然就可以從五慾中解脫出來。為什麼非要見不到它們才能不迷戀它們呢？」這和那個喝水的蠢人沒什麼差別。

正確的決斷，必須靠長期的知識積累和不斷地實踐。

偷犛牛喻

【引語】

由於做事情不講究方法，想隱瞞的事情反而露了餡。因此，做人要誠實些。

愈是貪婪，愈發現自己一無所有。當許多普通人悄悄地做著這樣一些小事的時候，世界就在悄悄地改變。你每一次對需要幫助的人施以援手，你的心靈就會被溫暖一次，被感動一次。你每幫助一個人脫離愚昧和貧窮，世界就多了一份文明和富裕。

【原文】

譬如一村，共偷犛牛，而共食之。

其失牛者，逐跡至村，喚此村人，問其由狀，而語之言：在爾此村不？

偷者對曰：我實無村。

又問：爾村中有池，在此池邊共食牛不？

答言：無池。

又問：池傍有樹不？

對言：無樹。

又問：偷牛之時，在爾村東不？

對曰：無東。

又問：當爾偷牛，非日中時耶？

對曰：無中。

又問：縱可無村，及以無樹，何有天下無東無時？知爾妄語，都不可信。爾偷牛食不？

對曰：實食。

破戒之人，亦復如是。覆藏罪過，不肯發露，死入地獄。諸天善神以天眼觀，不得覆藏，如彼食牛，不得欺拒。

【譯文】

有個村子裏的人，合夥偷了一隻犛牛，一起把牠吃了。

丟牛的人，跟蹤追到了村子裏，找來村子裏的人，問他們牛的情況，說：「牛在不在你們村子裏？」

偷牛的人說：「我們這裏沒有村子。」

又問：「村裏有個池塘，是不是在池塘邊一起吃牛的？」

回答說：「我們這裏沒有池塘。」

又問：「池塘邊有沒有樹？」

村人說：「我們這裏沒有樹。」

又問：「偷牛的時候，是不是在村子東邊？」

村人說：「我們這裏沒有東邊。」

又問道：「你們偷牛的時候是不是在中午？」

回答說：「我們這裏沒有中午。」

失主問：「縱然可以沒有村子，沒有樹，但天下怎麼會沒有東邊，沒有時間呢？可見你們說的全是假話，都不能相信。你們是不是偷了牛吃掉了？」

村人回答說：「的確是吃了。」

破戒的人也是這樣。掩蓋所犯的罪過，不肯坦白，死後就會入地獄。天界的諸神用天眼觀察，就什麼也掩蓋不住了。就像那些偷牛吃的人，是無法用假話來欺騙抗拒的。

心虛是當人們認為內心被洞察而產生的焦慮和恐慌感。試想一下，當別人知道你想什麼，接下來可能做什麼時，你有什麼感覺？你會有一種不安全感，這種不安全感可能會影響你的行為，你會變得焦慮不安，甚至對其他事物產生敵意。

小兒爭分別毛喻

【引語】

佛教的禪師往往答非所問，譬如說人問：佛法的大意是什麼？

他答：麻三斤。

人問：什麼是祖師西來意。

他答：牛糞。

這是為什麼呢？禪的意義是要自參自悟，經他人的解說，是他人的，與你的自性無關，故不用語言文字解說也不直接解答你的問題。

【原文】

譬如昔日有二小兒，入河遨戲，於此水底得一把毛。

一小兒言：此是仙鬚。

一小兒言：此是羆毛。

爾時河邊有一仙人，此二小兒諍之不已，詣彼仙所，決其所疑。

而彼仙人尋即取米及胡麻子，口中含嚼，吐著掌中，語小兒言：我掌中者，似孔雀屎。

而此仙人不答他問，人皆知之。

世間愚人，亦復如是。說法之時，戲論諸法，不答正理，如彼仙人不答所問，爲一切人之所嗤笑。浮漫虛說，亦復如是。

【譯文】

從前有兩個小孩，在河裏嬉戲，從水裏撈到了一把毛。

一個小孩說：「這是仙人的鬍鬚。」

另一個小孩說：「這是熊毛。」

這時河邊有一個仙人，兩個小孩爭執不下，就到仙人那裏，請他做決斷。

那個仙人就抓了一把米和胡麻子，放在口裏嚼，然後吐在手裏，對小孩說：「我手裏的東西像是孔雀屎。」這個仙人並沒有回答小孩的問題，人們都知道他是答非所問。

世間的蠢人也是這樣。說話的時候，信口胡說，不去回答正理。就像那個仙人一樣，不答所問，被所有的人笑話。虛浮散漫的空話，也是這個樣子。

言而無信，人之大忌。做人就要做得踏踏實實，問心無愧！

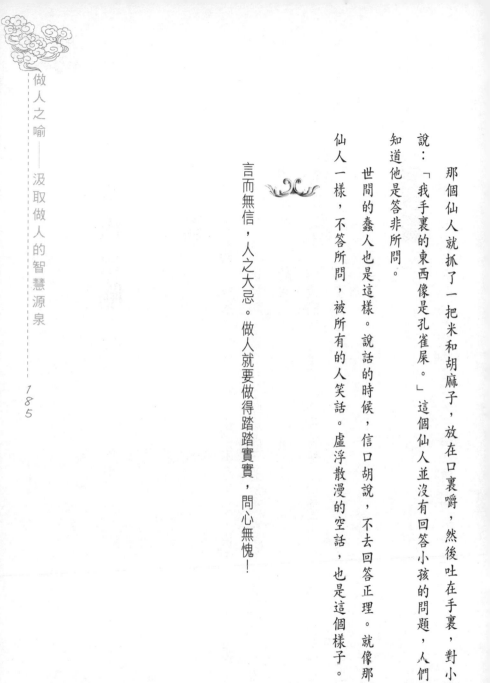

唵米決口喻

【引語】

人非聖賢，孰能無過。有些人犯了錯卻不願承認，還害怕被別人發現。以至於不能及時地改正錯誤，最終到了難以改正的地步，後悔也無濟於事。古人云：知過能改，善莫大焉。

世界上沒有不犯錯的人，重要的是對待錯誤的態度。發現錯誤，及時從錯誤中汲取教訓，然後才能在錯誤中進步；明知犯了錯誤而不改，那就是錯上加錯，而且是在不斷地重複犯錯誤。

【原文】

昔有一人，至婦家舍，見其搗米，便往其所，偷米唵之。

婦來見夫，欲共其語，滿口中米，都不應和。羞其婦故，不肯棄之，是以不語。婦怪不語，以手摸看，謂其口腫，語其父言：我夫始來，卒得口腫，都不能語。

其父即便喚醫治之。時醫言曰：此病最重，以刀決之，可得差耳！即便以刀決破其口，米從口出，其事彰露。

世間之人，亦復如是。作諸惡行，犯於淨戒，覆藏其過，不肯發露，墮於地獄、畜生、餓鬼。如彼愚人，以小羞故，不肯吐米，以刀決口，乃顯其過。

【譯文】

從前有一個人，來到妻子的娘家，看見她正在搗米，於是就到她搗米的地方，偷抓了一把米塞在嘴中。妻子來見丈夫，想和他一起聊聊天，可是丈夫嘴裏塞滿了米，對於妻子的言語不作回答。因為在妻子面前覺得很難為情，就不肯把米吐出來，所以沈默不語。

妻子奇怪丈夫為什麼不說話，用手一摸，看了一下，以為他的嘴腫了，就對她的父親說：我丈夫剛到家，嘴就忽然腫了，連話都說不出來。

她的父親立即找來了醫生給他醫治。當時醫生說道：這個病十分的嚴重，要用刀把口切開，才可能將病治好。

於是就用刀切開他的嘴，米從嘴裏撒了出來，偷米的事情敗露了。

世間的人也是這樣，做了各種罪惡的事情，觸犯了清淨的戒律，還極力掩蓋，不肯讓它暴露，這樣最終會墮入地獄、畜生、餓鬼三惡道當中。就好像那個愚人一樣，怕在妻子面前敗露偷米的事，為了保全一點小面子，不願將米吐出，最後遭致用刀將口切開之苦，才顯露出他的罪過。

我們多半不能改變外在的環境，但卻可以改變自己的態度：「明天的情形或許和今天一樣，但明天的我絕不是今天的我。」我們若能改變態度，就可能因此而改變整個形勢。

第4章

做事之喻——洞悉方圓處世的行事法則

一個人要想成大事，就要注重做事的態度和方法。不管做任何事，都要注重細節，從細微處做起，凡事三思而後行，努力做好每一件事。好高騖遠，盲目行事，只能因小失大，最後一事無成。同時，做事還要注意分清輕重，懂得靈活變通，這樣，才能提高做事的效率。

煮黑石蜜漿喻

【引語】

做任何事情，都必須要瞭解事物的規律。解決任何問題都必須方法得當，要想圓滿地解決問題，首先要能夠透過現象看到事物的本質。這樣才能更好地達到我們預期的目的。相反，如果只是盲目行事，那麼，就如同愚人於火上，以扇扇之，望得使冷一樣，非但解決不了問題，還會適得其反。

【原文】

昔有愚人煮黑石蜜，有一富人來至其家。時此愚人便作是念：我今當取黑石蜜漿與此富人。即著少水，用置火中，即於火上，以扇扇之，望得使冷。

旁人語言：下不止火，扇之不已，云何得冷？爾時眾人悉皆嗤笑。

其猶外道，不滅煩惱熾燃之火，少作苦行，臥荊棘上，五熱炙身，而望清涼寂靜之道，終無是處。徒爲智者之所怪笑。受苦現在，殃流來劫。

【譯文】

從前有個愚蠢的人在煮黑蜜糖，恰好有個富人來到他家。這時愚蠢的人便想：「我應該拿黑蜜糖請這個富人吃。」所以就加了一點水放在火上，用扇子使勁地扇，想讓它冷卻下來。旁邊的人說：「不把下面的火熄掉，反而用扇子去扇，它怎麼能冷卻下來呢？」當時大家都嗤笑他。

這就像那些外教徒一樣，不想辦法根除掉旺盛的煩惱之火，只憑修點苦行，睡在荊棘上面，用火烤炙自己的身體，就渴望得到清涼寂靜的大道，那是絕不可能的。只能讓有智慧的人取笑。這樣做，現在受苦不說，還會遺患將來，永無解脫。

人們不要去強求不屬於自己的東西，要學會順其自然。違背規律去辦事，就會步步艱難，而學會順應規律，就會得心應手，一路坦途。

醫與王女藥令卒長大喻

【引語】

生活中類似國王的人太多了，不過，這些國王們的眼光大都放在別人身上，總是羨慕別人如何富裕、如何成功。

凡事必須從基礎做起，任何事情都必須付出相應的努力和代價，想坐享其成是不可能的。

【原文】

昔有國王，產生一女，喚醫語言：爲我與藥，立使長大。醫師答言：我與良藥，能使即大。但今卒無，方須求索。比得藥頃，王要莫看。待與藥已，然後示王。

於是即便遠方取藥。經十二年，得藥來還，與女令服，將示於王。王見歡喜，即自念言：實是良醫，與我女藥，能令卒長。便敕左右，賜以珍寶。時諸人等笑王無智，不曉籌量生來年月，見其長大，謂是藥力。

世人亦爾。詣善知識，而啓之言：我欲求道，願見教授，使我立得。善知識師以方便故，教令坐禪，觀十二緣起。漸積眾德，獲阿羅漢，倍踴躍歡喜，而作是言：快哉！大師速能令我證最妙法。

【譯文】

從前有一個國王，生了一個女兒，他把醫生叫來對他說：「給我一種藥讓她吃下，使她馬上長大成人。」

醫生回答說：「我可以給她良藥，使她馬上就長大。但我目前沒有此藥，要到外邊去採取。在我給她服藥以前，國王不能見她。待我給她用了藥，再讓國王見她。」

於是醫生就到很遠的地方去找尋藥方。過了十二年，找到藥回來了，把藥給公主吃了以後，就領著她來見國王。國王見了長大的女兒非常歡喜，心裏想：「果真是個良醫，讓我女兒吃了藥以後，就能一下子長大了。」於是就下旨給左右侍奉的人，拿了許多珍寶賞給這個醫生。當時許多人都笑話這個國王太糊塗，不知道計算一下自己女兒都長到幾歲了，反而以為這是藥物的效果。

世上人也是這樣。去請教一個有道行的人，對他說：「我想求道，想得到你的指導，能使我馬上就能得道。」這位有道行的人為了簡便，就教他坐禪，觀察十二因緣的流轉。這樣德行越積越多，就證了阿羅漢果。這人歡喜地跳了起來，這樣說：「真痛快啊！大師果然令我很快就證得這一最妙的道法。」

一個人最重要的是：要有夢想，這個夢想可以很大，也可以很小，它由個人的個性與能力決定，然後，你就可以為了實現這個夢想去努力、去奮鬥。

灌甘蔗喻

【引語】

「天下父母心」，可是愛的方法不對，也可能害兒女養成壞習慣。商人賺錢，然而賺錢的方法不對，也可能造成失敗。工作方法不對反把事情弄壞。聰明的人反被聰明誤者比比皆是，做流氓做小偷的，以為可以不勞而獲。欺騙拐詐的人，以為只要鼓動三寸不濫之舌就能獲得財物，可是「善有善報惡有惡報」，「種瓜得瓜種豆得豆」。沒有種雜草而得到稻穀的道理。

佔他人的便宜，結果反受其害。譬如貪污枉法，過量的農藥毒害他人，工人偷工減料。商人用欺騙獲得暴利，結果必受其應得的報應，每種職業都可以報效社會，每個人也可以剝削社會，問題只在於我們的存心良與不良而已。

人若存心良善，眼前雖吃虧一點，將來一定有良好的果報，奸惡的人雖佔一點的便宜，人格墮落，人人厭惡。做人做事方法不對，也會造成不良的果報。

【原文】

昔有二人，共種甘蔗，而作誓言：種好者賞；其不好者，當重罰之。時二人中，一者念言：甘蔗極甜，若壓取汁，還灌甘蔗樹，甘美必甚，得勝於彼。即壓甘蔗，取汁用溉，冀望滋味。返敗種子，所有甘蔗，一切都失。世人亦爾。欲求善福，恃己豪貴，專形挾勢，迫脅下民，凌奪財物，以用作福。本期善果，不知將來反獲其殃。如壓甘蔗，彼此都失。

【譯文】

從前有兩個人一起種植甘蔗，而且還定下誓言說：「種出好甘蔗的人有獎賞，種植不好的人則應當受重罰。」

當時這兩個人中，有一個心想：「甘蔗非常甜，如果把甘蔗汁壓出來，再用來澆灌甘蔗林，甘蔗鐵定會甜美無比，一定會勝過他。」

於是他就把甘蔗壓成汁，並將壓出來的甘蔗汁拿去澆灌甘蔗田，期望增加甘蔗的甜度，結果卻反而使種到地裏的甘蔗種子全都腐爛了，本應該收穫到的甘蔗全部沒有了。

世上有人也是如此，想要求得好的福分，但卻依仗自己的權勢逼迫他人，壓迫百姓，掠奪他們的財物，再用這些財物來做好事，原以為能得到好結果，哪知將來反而會招致災難。這就像榨取甘蔗汁澆灌甘蔗苗的人一樣，不僅損失了種植的甘蔗，而且連已有的甘蔗也損失殆盡。

每一個問題之中都藏著解決的方法，只要你真正拿出行動，用積極樂觀的心態去面對，事情就終有解決的時候。

債半錢喻

【引語】

生活裡「爭」這個字，用得最多。名也爭，利也爭，人與人也要爭個高低，這是時代的「病」。我們遺失了一種人本來應該具有的美德，就是「讓」，就是「做」。把「爭」的心胸換作實實在在的「做」，放下心來做自己本該做的事，做出一些於己於人都有益的事來。「讓」就是不屬於自己的東西，不去伸手，自己應得到的東西，如果別人要爭，能讓的就讓，「得讓人處且讓人。」佛家的「讓」有「忍辱」的含義；「小不忍則亂大謀」。在當今經濟飛速發展的時代裡，同樣也要能顧大體，不爭小利，這樣才能廣開門戶、興旺發達。

現代人經常患得患失，但很少用心考慮得到些什麼，同時又失去些什麼。時常為了一些小利或貪圖一時之快，而賠上了名譽。

【原文】

往有商人，貸他半錢，久不得償，即便往債。前有大河，雇他兩錢，然後得渡。到彼往債，竟不得見。來還渡河，復雇兩錢。為半錢債，而失四錢，兼有道路疲勞乏困。所債甚少，所失極多。果被眾人之所怪笑。世人亦爾。要少名利，致毀大行。苟容己身，不顧禮義。現受惡名，後得苦報。

【譯文】

從前有個商人，借給別人半個錢，很久都沒有得到償還，於是就前去討債。路上有條大河，要花兩個錢才能擺渡過河。到了討債的地方，最終也沒有見到借錢的人。回來時渡河又花了兩個錢。

為了討半個錢的債，結果卻用掉四個錢，路上往返使人又非常疲勞、困乏。借出去的錢很少，而討債花掉的錢卻很多。結果還被大家取笑。

世間的人也是這個樣子，為了追求一點蠅頭小利，卻喪失了崇高的品行。只顧自己的利益，卻全然不管禮法道義。現在落了一個惡名，將來還會得到痛苦的報應。

當你手中抓住一件東西不放時，你只能擁有這件東西，如果你肯放手，你就有機會選擇別的。

乘船失杅喻

【引語】

世間的萬物都是在不斷變化的。今天的高山，昨天也許是湖泊；今天的窮小子，明天也許是一代富豪。所以人要根據事情的發展去想問題，這才是做好事情的關鍵。

【原文】

昔有人乘船渡海，失一銀杅，墜於水中。即便思念：我今畫水作記，舍之而去，後當取之。

行經二月，到師子諸國，見一河水，便入其中，覓本失杅。

諸人問言：欲何所作？

答言：我先失杅，今欲覓取。

問言：於何處失。

答言：初入海失。

又復問言：失經幾時？

言：失來二月。

問言：失來二月，云何此覓？

答言：我失杅時，畫水作記。本所畫水，與此無異，是故覓之。

又復問言：水則不別。汝昔失時，乃在於彼；今在此覓，何由可得？爾時眾人無不大笑。

亦如外道，不修正行，相似善中，橫計苦因，以求解脫。猶如愚人，失銀杅於彼，而於此覓。

【譯文】

從前有一個人乘船渡海，把一個銀缽盂掉進了海裏。他當時就想：我現在對著水面在船邊畫一個記號，姑且不去管它，以後有時間再回來撈取。

他走了兩個月，到了獅子國這個地方，看到一條河。便跳進水去尋找他先前失去的銀缽盂。

許多人問他：「你想做什麼呢？」

他回答說：「我當初掉落了一個缽盂，現在想把它找回來。」

眾人又問：「你是在什麼地方遺失的？」

他回答說：「船剛入海時掉的。」

眾人又問：「遺失多長時間了？」

回答說：「已經快兩個月了。」

眾人說：「遺失了兩個月，為什麼要在這裏找呢？」

他回答說：「我遺失缽盂時，曾對著水面在船邊上畫了一個記號。這裏的水面和我先前畫記號的水面完全一樣，所以在這裏找它。」

眾人又問：「這裏的水面和你丟失缽盂那地方的水面雖然沒有區別，但你遺失的東西是在大海的那一邊，現在找東西卻在獅子國這個地方，哪能找到呢？」

當時在場的眾人都對此大笑不止。

這就像其他教派的修行者，不去參悟佛理，卻在一些似是而非的活動中故意找苦吃，更把一些苦行看成是正常的修行方法，以此尋求解脫。這正和蠢人把缽盂失落在大海處，卻在獅子國尋找一樣，是沒有什麼區別的。

知人者智、自知者明，你如果不能正確的評價自己，又怎麼可能正確的評價別人呢？

人說王縱暴喻

【引語】

做人做事要學會三思而後行。生活中一旦出現了錯誤，想要彌補往往不太容易。

要想保持一份清醒的頭腦，還需要多聽聽別人的忠告，虛心接受別人的批評，時時反省，有則改之，無則加勉。

很多人失敗不是因為他沒有能力，而是沒有一個冷靜的頭腦。面對令自己憤怒的事，不能靜下心來仔細考慮解決的方法，而是憑一時的衝動亂來，其結果只能是自食苦果。

【原文】

昔有一人，說王過罪，而作是言：王甚暴虐，治政無理。王聞是語，即大嗔恚，竟不究悉誰作此語，信傍佞人，捉一賢臣，仰使剝脊，取百兩肉。

有人證明此無是語，王心便悔，索千兩肉，用爲補脊。夜中呻喚，甚大苦惱。王聞其聲，問言：何以苦惱？取汝百兩，十倍與汝。意不足耶？何故苦惱？

旁人答言：大王，如截子頭，雖得千頭，不免子死。雖十倍得肉，不免苦痛。

愚人亦爾，不畏後世，貪得現樂，苦切衆生，調發百姓，多得財物，望得滅罪，而得福報。譬如彼王，剝人之脊，取人之肉，以餘肉補，望使不痛，無有是處。

【譯文】

從前有一個人，在議論國王的罪過時，這樣說道：「國王非常暴虐，治國無道。」

國王聽說這些話後心裏非常生氣震怒，並沒有認真調查到底是誰說了這些話，就聽信了身邊小人的讒言，把一個賢臣捉過來，將他的脊樑剝開，活生生的割下一百兩肉。

後來有人證明這些話並不是這個賢臣講的，國王聽了非常後悔，就拿了一千兩肉，要給這個賢臣補脊背。

大臣在夜裏因為疼痛難耐，不斷地呻吟。國王聽到了，問道：「你為什麼會這樣痛苦煩躁！我取下了你一百兩肉，已經加十倍還給你了，難道還不夠嗎？為什麼還要這麼煩躁呢？」

旁邊的人答道：「大王，如果把一個人的頭砍下來，即使再給他一千個頭，他也難免一死。現在他雖然得到了十倍的肉，可痛苦還是在他身上，免不了的。」

蠢人也是這個樣子，不怕後世的報應，只貪圖現在的快樂，壓榨百姓，後又施捨給百姓很多財物，想著能減少一些所犯的罪過，而得到好的報應。這就像那個國王一樣，剝開別人的脊背取了肉，後來又用其他肉來補償，想讓別人不痛，是沒有這種道理的。

所謂「不經一事，不長一智」、「前事不忘後事之師」、「前車之覆，後車之鑒」都是這個道理。犯了錯不要緊，只要能記取過往的經驗教訓，作為後來的借鑒指導，就是進步。

入海取沉水喻

【引語】

有時急於求成，結果卻欲速則不達，反而失去了許多寶貴的東西。

在通往成功的道路上絕不會一帆風順，而是漫長與曲折的過程，它需要我們有持久的耐心以及不斷奮進的耐力。如果你沒有足夠的耐心等待成功的到來，那麼你就得用一生的耐心去面對失敗。

【原文】

昔有長者子，入海取沉木，積有年載，方得一車。持來歸家，詣市賣之。以其貴故，卒無買者。

經歷多日，不能得售，心生疲厭，以爲苦惱。

見人賣炭，時得速售，便生念言：不如燒之作炭，可得速售。即燒爲炭，詣市賣之，不得半車炭之價值。

世間愚人，亦復如是。無量方便，勤行精進，仰求佛果。以其難得，便生退心。不如發心，求聲聞果，速斷生死，作阿羅漢。

【譯文】

從前有個富家子，到海裏去取沉在海底的沉香木，過了好幾年，才採了一車。拉到家後，就到集市上去出售。因為價格太高，所以根本賣不出去。這樣過了許多天都沒能把沉香木賣掉，他心生厭倦，疲憊不堪，煩惱異常。

後來他見人賣木炭賣得很快，就想：「不如把沉香木燒成木炭，這樣可以賣得快一些。」於是，他就把沉香燒成木炭，拿到集市上去賣，總共只得到了不到半車木炭的錢。

世間愚蠢的人也是這樣。在佛教教義中，勤奮修行，希望以後能得到佛果。後來因為求佛果非常困難，就萌生了退卻的念頭。還不如發心願去求小乘的聲聞果，迅速了斷生死輪回之苦，做一個阿羅漢呢（佛教中未能徹底了脫煩惱的一種境界）。

一個人只有對某種事物孜孜不倦地追求，堅定不移地努力進取，才能有所成就。

水火喻

【引語】

每一個人在生活中都會作出選擇，但是有選擇就有痛苦，所以古人有臨歧而哭的行為。抉擇之後如果沒有決斷力，就會加重痛苦。

既然我們已經選擇了一條認為是正確的道路，就要踏踏實實地走下去，不要總是搖擺不定，總是這山望著那山高。事業如此，感情也如此，不能總一會兒想出去，一會兒想進來，心定不下來。如果總是這樣，就會升天不能，入地無門，只好懸在半空中，隨風飄浮。

【原文】

昔有一人，事須火用，及以冷水，即便宿火，以澡與盛水，置於火上。後

欲取火，而火都滅；欲取冷水，而水復熱。火及冷水，二事俱失。

世間之人，亦復如是。入佛法中，出家求道。既得出家，還復念其妻子眷屬、世間之事、五慾之樂。由是之故，失其功德之火，持戒之水，念欲之人，亦復如是。

【譯文】

從前有個人，做事情需要火和冷水。他就把火封好，用澡盆盛了水，放在火上。後來想用火時，火已經滅了，想用冷水，冷水已經變熱了。火和冷水兩樣東西一樣都沒能得到。

世間的人也是這個樣子。皈依了佛法，出家去求道。出家以後，卻又想著老婆孩子，眷戀著俗世的事情，難忘各種欲望的快樂。因為這個原因，他喪失了功德的火，也喪失了受持戒律的水。貪戀五慾的人也是這個樣子。

生活的藝術，其實可以用兩個字來概括，那就是選擇；而掌握命運的祕方，其實也可以用兩個字來概括，那就是選擇。今天的任何一個選擇，都關乎著我們的未來。

雇請瓦師喻

【引語】

建設一座房子需要投入很多精力和財力，需要專業設計人士和訓練有素的工人，還要假以很長的時間，而要拆一座房子，只要幾個街頭小混混在很短的時間內就可以搞定。房子就是陶器，建設的人就是陶器師傅，而小混混們則是驢。現在很多人就像故事中的小和尚，不懂得愛惜老祖宗傳下來的陶器，反而對毛驢很有興趣。

做事情一定要分清孰輕孰重。

【原文】

昔有婆羅門師，欲作大會，語弟子言：我須瓦器，以供會用。汝可為我雇請瓦師。詣市覓之。

時彼弟子往瓦師家。時有一人驢負瓦器，至市欲賣，須臾之間，驢盡破之。還來家中，啼哭懊惱。

弟子見已，而問之言：何以悲歎懊惱如是？

其人答言：我爲方便，勤苦積年，始得成器。詣市欲賣。此弊惡驢，須臾之頃，盡破我器。是故懊惱。

爾時弟子見聞是已，歡喜念言：此驢乃是佳物！久時所作，須臾能破。我今當買此驢。

瓦師歡喜，即便賣與。

乘來歸家，師問之言：汝何以不得瓦師將來？用是驢爲？

弟子答言：此驢勝於瓦師。瓦師久時所作瓦器，少時能破。

時師語言：汝大愚癡，無有智慧。此驢今者適可能破，假使百年，不能成一。

世間之人，亦復如是。雖千百年受人供養，都無報償，常爲損害，終不爲益。背恩之人，亦復如是。

【譯文】

從前有個婆羅門大師，想召開一個大規模的法會，就對弟子說：「我需要大批陶器，要在大會上用。你到市場上去雇請一個做陶器的師傅來。」

這個弟子就到製陶師傅家，當時正好有一個人用毛驢馱著陶器準備到市場上去賣，眨眼之間，驢子把陶器全翻到地上打破了。陶匠回到家裏，傷心地哭起來。

弟子見他這個樣子，就問：「你為什麼這樣傷心呢？」

那人回答：「我辛辛苦苦做了幾年才做成這些陶器。本想拿到市場上去賣，可這頭該死的驢子轉眼間把我的陶器全摔破了，所以我才這麼傷心。」

這個弟子聽了這些話，高興地說：「這驢子真是神奇，花很長的時間才能做成的東西，牠一眨眼就能砸破。我今天應該把這頭驢子買回去。」

陶器師傅也非常高興，把驢子賣給了他。弟子騎著驢子回來，師父見了就問他：「你為什麼不把陶器師傅請來？牽這頭驢子回來做什麼呢？」

弟子回答道：「這隻驢子比陶器師傅還要厲害。陶器師傅花了很長時間才能做成的陶器，牠一下子就全打破了。」

當時師父就說：「你真是愚蠢，沒一點腦子。這頭驢現在是能把陶器打破，可是給牠一百年，牠也做不出一件陶器來。」

世間的人們也是這個樣子，千百年來受人供養，卻對別人沒有絲毫報償，反而經常損害別人，不肯去幫助人。忘恩負義的人也是這樣。

做人想成功，一步登天不可能，一蹴而就不現實，一鳴驚人談何容易……但每一個人的生活都可以從一點一滴做起，諸如邁好第一步，對每天負責，做好每件事等。腳踏實地的去生活，生活永遠不會拋棄你。

斫樹取果喻

【引語】

人是有智識、有遠見的動物，可是卻常常為了眼前的利益和享受，不惜把將來的幸福和前程都斷送掉。

做兒女的未成年之前，事事都要依靠父母，有求必應。不論衣、食、住、行、讀書、醫藥費，一切都是父母的心血。父母甚至將一生努力省吃儉用所累積下來的財產都給了兒女。兒女應萬分感激與孝順才對，但是卻偏偏給父母失望、傷心，豈不也傷害了自己的人格和前程嗎？

【原文】

昔有國王，有一好樹，高廣極大，常有好果，香而甜美。

時有一人，來至王所。王語之言：此之樹上，將生美果，汝能食不？

即答王言：此樹高廣，雖欲食之，何由能得？

即便斷樹，望得其果。既無所獲，徒自勞苦。後還欲豎，樹已枯死，都無生理。

世間之人，亦復如是。如來法王有持戒樹，能生勝果。心生願樂，欲得果食，應當持戒，修諸功德。不解方便，返毀其禁。如彼伐樹，復欲還活，都不可得。破戒之人，亦復如是。

【譯文】

從前有個國王，他有一棵好樹，長得非常高大，上面經常結滿又香又甜的果子。

當時有一個人來到國王那裏，國王就對他說：「這棵樹上馬上要結許多好果子，你想吃嗎？」

那人回答：「這樹又高又大，雖然我想吃，可怎麼能吃得到呢？」

國王就叫人砍倒樹，希望能吃到它的果子。可是白白辛苦一場，一無所獲。後來又想把樹栽起來，可樹已經枯死了，根本不能再活過來了。

世間的人也是這個樣子。如來法王的持戒功德就像一棵大樹，能長出甜美的果實。如果我們生出願心，想吃到樹上的果子，就應當持戒，修持各種功德。有些人不懂這個道理，毀壞了禁戒。就像國王砍樹一樣，後來又想讓樹活過來，結果什麼也沒有得到。破戒的人也是這個樣子。

世間一切事物，都有它自身的規律，掌握了事物的規律，辦事就可以得心應手。

破五通仙眼喻

【引語】

世間每一件事情都有正反兩面。依正當的方法去爭取求進步，當然是對的，可是世間人往往都是貪而無厭，因此引起爭奪、計較、造業。一般人的心能夠控制得住不法之貪嗎？一般人貪即無所不貪，都是損人利己的貪。剝削他人的貪，更是造業作惡的貪，所以佛法說貪嗔癡為三毒，如何能避免這惡貪就要看我們的智慧了。

【原文】

昔有一人，入山學道，得五通仙，天眼徹視，能見地中一切伏藏種種珍寶。

國王聞之，心大歡喜，便語臣曰：云何得使此人常在我國，不餘處去，使我藏中得多珍寶？

有一愚臣，輒便往至，挑仙人雙眼，持來白王：臣以挑眼，更不得去，常住是國。

王語臣言：所以貪得仙人住者，能見地中一切伏藏。汝今毀眼，何所復任？

世間之人，亦復如是。見他頭陀苦行，山林曠野，塚間樹下，修四意止及不淨觀，便強將來，於其家中，種種供養，毀他善法，使道果不成。喪其道眼，已失其利，空無所獲。如彼愚臣，唐毀他目也。

【譯文】

從前有一個人入山學道，成為得到五種神通的仙人，天眼徹視，能看見地下一切隱伏著的寶藏。

國王聽聞了這件事，很高興，就對臣下說：「如何才能使這人常留在我國，不到別處去，使我庫藏中的珍寶源源不斷地增加？」

有一位愚臣即刻前往仙人那兒去，把他的雙眼挖了出來，拿來對國王說：「臣已經挖出了他的眼睛，他就再也離不開，常住在我們國家了。」

國王對大臣說：「我之所以渴望仙人留住在這兒，是因為他能見地中一切隱伏著的寶藏。如今你毀了他的眼睛，那他還能派上什麼用場呢？」

世人也是這樣，見頭陀在山林曠野、塚間樹下苦行，修習四意止和不淨觀，便強行拉他到家裡來，好生供養起來。結果是毀了他的善法，使道果不能成就。不但喪失掉他的道眼，也失去了他的苦行所得，供養他應得的好處也就都一無所獲了。就像那個愚臣，平白地毀掉仙人的眼睛一樣。

眼前的利益固然重要，但更為重要的是長遠的目標。當你擁有一個夢想之後，就要全力以赴，不要為了眼前的小利益，而放棄自己遠大的夢想。否則，你只能平平庸庸，而不能成就自己的輝煌。

估客駝死喻

【引語】

「天下父母心」父母勞碌一世，或是省食儉用，都是為了子女。甚至可以犧牲自己的生命都欲保護子女。如此之精神若是擴大到社會人類，人人都可以成佛。可是為人子女的，只為私情私愛，可以不要父母，人們為私慾私利，可以犧牲他人的痛苦，剝削社會，為著自己的生活可以犧牲眾生的生命。

人生活在世間，不能沒有衣食住，而為衣食住勞碌一世，或作惡造業，使生生世世受苦，是聰明還是愚癡呢？

在事情面前，要分清孰輕孰重，人不要只看中眼前利益。

【原文】

譬如估客，遊行商賈，會於路中，而駝卒死。駝上所載，多有珍寶、細軟、上氎種種雜物。駝既死已，即剝其皮。

商主舍行，坐二弟子而語之言：好看駝皮，莫使濕爛。其後天雨，二人頑癡，盡以好氎覆此皮上，氎盡爛壞。皮、氎之價，理自懸殊，以愚癡故，以氎覆皮。

世間之人，亦復如是。其不殺者喻於自氎，其駝皮者即喻財貨，天雨濕爛喻於放逸、敗壞善行。不殺戒者，即佛法身最上妙因，然不能修，但以財貨造諸塔廟，供養諸僧，舍根取末，漂浪五道，莫能自出。是故行者應當精心，持不殺戒。

【譯文】

有一個商人，四處流動做生意。有一次，在路上他的駱駝突然死掉了。駱駝上載負的全是珍寶、細軟和上好的棉布等物品。駱駝既然死了，他就把皮剝了下來。

商人要起程，就對兩個徒弟說：「好好照看駱駝皮，別讓它受潮爛掉。」

後來下起了雨，兩個徒弟非常愚昧，把所有的好棉布全蓋在駱駝皮上，結果棉布全都爛掉了。

駱駝皮和棉布的價錢，人們都知道相差很多，出於愚蠢的原因，才會用棉布來蓋駱駝皮。

世間的人也是這樣。不殺生戒可以比喻為上好的棉布，駱駝皮比喻為財物，下雨東西爛掉比喻為放縱和敗壞善行。不殺生戒是佛法中最上等的妙因，然而卻不能修持。只是用財物建造了許多塔廟，供養了一些僧人，這是捨本逐末的行為，所以就漂泊於人天五道之中，無法使自己出離生死。所以修行的人應當以精進心來修持不殺戒。

對於友誼和真誠的獎賞永遠是豐厚無價的，對於自私和欺騙的懲罰同樣也是嚴厲的。那些不懂分享，不願付出的人，所堅守的東西只會越來越少，他們也會越來越孤立。

磨大石喻

【引語】

有人拿祖先三代積蓄，或一生辛辛苦苦努力，省吃儉用，所積蓄下來的血汗金錢，去賭博，一花而光。有人愛好杯中物，或花街柳巷，所花的都是人生的血和汗。快樂只是一時半刻，辛苦落泊卻是半生數十年。學佛的人數十年修行用功，一旦破了大戒，前功盡棄，將來還要墮落三惡道「一失足成千古恨」，豈可不警惕。是要花很大的力量而得小小的利益，或花小之力得很大的利益，即由我們的智慧選擇了。

【原文】

譬如有人，磨一大石，勤加功力，經歷日月，作小戲牛。用功既重，所期甚輕。世間之人，亦復如是。磨大石者，喻於學問，精勤勞苦；作小牛者，喻於名聞，互相是非。夫爲學者，研思精微，博通多識，宜應履行，遠求勝果。方求名譽，驕慢貢高，增長過患。

【譯文】

從前有個人，研磨一塊大石頭，花了很多時間和體力，磨成了一個供把玩的小石牛。花了這麼多工夫，得到的結果卻很輕。

世上的人也是這樣，將磨大石頭比喻為做學問，勤奮辛苦。磨成小石牛比喻為名聲。花了這麼大的氣力做學問，卻只是為了博取一點名聲，這是否划算呢？做學問的人，應該研究精細入微，博聞強識，並付諸實際去追求遠大的成果。如果又求名譽，並且驕慢自負，就會增加過失。

做事情要靈活，稍微動一下腦筋，也許事情就會出現轉機。

奴守門喻

【引語】

人的智識有深淺高低，個性習慣亦都不同，所以，人講話做事都有投機不投機。古人說：「相識滿天下，知心有幾人。」有人聞一知二，有人聞一知十，有人一聞千悟，有人一句話說了好幾遍都聽不懂。每個人都有每個人的優點，每個人也有每個人的缺點，若能發揮其優點，改變其缺點，即是成功的人。若自己不但自己順著個人的缺點，也要別人隨順我的缺點，那麼其苦惱就多了，也是註定要成為失敗的人。

【原文】

譬如有人，將欲遠行，敕其奴言：爾好守門，并看驢索。

其主行後，時鄰里家有作樂者，此奴欲聽，不能自安。尋以索繫門，置於驢上，負至戲處，聽其作樂。

奴去之後，舍中財物，賊盡持去。

大家行還，問其奴言：財寶所在？

奴便答言：大家先付門、驢及索，自是以外，非奴所知。

大家復言：留爾守門，正為財物。財物既失，用於門為？

生死愚人為愛奴僕，亦復如是。如來教誡常護根門，莫著六塵。守無明驢，看於愛索。而諸比丘不奉佛教，貪求利養，詐現清白，靜處而坐，心意流馳，貪著五慾，為色、聲、香、味之所惑亂，無明覆心，愛索纏縛，正念、覺、意、道品財寶，悉皆散失。

【譯文】

有一個人要出門遠行。出門前，囑咐他的僕人說：「你在家要看好門，把驢用繩子拴好。」

主人離開家以後，這時鄰居家裏有演戲的，這個僕人很想去聽，在家裏是再也待不住了。就找了根繩子把門綁在驢背上，馱到唱戲的地方，聽人唱戲。

僕人離開之後，房裏的財物全被賊偷走了。

主人回家以後，問那個僕人：「財物在什麼地方？」

僕人就回答說：「主人就囑咐我看好門、驢和繩子，除了這些之外，我就不知道了。」

主人又說：「留你在家裏看門，就是讓你看守財物。現在財物全沒有了，還要這門幹什麼？」

迷戀於生死的蠢人變成愛欲的奴僕，也是這個樣子。如來告誡我們要經常保護六根這個大門，不能讓六塵這些賊人弄髒了六根，要守好無明這頭驢，看好愛欲這根繩子。但有些出家人不信奉佛教的教義，貪求供養，表面上看起來清白無塵，靜處打坐，但實際心意流馳動盪，貪戀五慾，被色、聲、香、味等迷亂了心智，無明覆蓋了他們的心，愛欲的繩索捆綁住了他們的身心，把正念、覺、意三味和三十七道品等財寶，全都喪失掉了。

真正的商人就要懂得投資，知道一時的吃虧，是為了將來獲得更大的回報。吃虧表面上是禍，其實是福；佔便宜表面上是福，其實是禍。

人謂故屋中有惡鬼喻

【引語】

現在很多年輕人一踏入社會，就試圖證明自己的價值和能力，為此往往付出了極大的努力，有的也確實收到一時成效，但是很難持久，原因就是他們並沒有真正瞭解所從事的工作的真正意義。做事一定要先清醒地分辨出其正確與否，否則盲目行事，不但不能成功，反而會誤時誤人。

【原文】

昔有故屋，人謂此室常有惡鬼，皆悉怖畏，不敢寢息。時有一人，自謂大膽，而作是言：我欲入此室中寄臥一宿。即入宿止。

後有一人，自謂膽勇勝於前人，復聞旁人言此室中恒有惡鬼，即欲入中。排門將前，時先入者謂其是鬼，即復推門，遮不聽前。在後來者復謂有鬼。二人鬥諍，遂至天明。既相睹已，方知非鬼。一切世人，亦復如是。因緣暫會，無有宰主，一一推析，誰是我者？然諸眾生橫計是非，強生諍訟，如彼二人，等無差別。

【譯文】

從前有一座舊房子，人稱此屋常有惡鬼出沒。因此全都害怕而不敢在裏面過夜。

當時有一個人自稱膽大，並說：「我要到那屋中睡一晚。」於是就進屋住下。

後來有一個人自稱膽量要勝過前面的那個人，又聽旁人說這屋裏常有惡鬼，就想進去並推門向裏走。

這時先進去的人認為他是鬼，就立刻推住門不讓他進來。後來的那個人也認為有鬼在擋門。兩個人你推我頂一直持續到天亮，才相互看清對方並不是鬼。

世人也是如此，因和緣這兩大因素只是暫時的會合，並沒有一個力量來主宰著。將所有的事物仔細分析的話，又能找出哪一個是真實的我呢？然而，世人千方百計要製造事端，硬是爭辯個不休。這就像那兩人的行為一樣，沒有什麼差別。

不要用自己的眼光和標準來看待事情，很多事情本無所謂是非，但在心中有是非的人眼裡就會生出是非來。

田夫思王女喻

【引語】

做事要充分考慮到自己的能力，我們可以志存高遠，但一定要與自己實際能力相符才有希望成功。

【原文】

昔有田夫，遊行城邑，見國王女顏貌端正，世所稀有。晝夜想念，情不能已。思與交通，無由可遂。顏色淤黃，即成重病。

諸所親見，便問其人：何故如是？

答親裡言：我昨見王女，顏貌端正，思與交通，不能得故，是以病耳。我若不得，必死無疑。

諸親語言：我當爲汝作好方便，使汝得之，勿得愁也。

後日見之，便語之言：我等爲汝，便爲是得。唯王女不欲。

田夫聞之，欣然而笑，謂呼必得。

世間愚人，亦復如是。不別時節春、秋、冬、夏，便於冬時擲種土中，望得果實，徒喪其功，空無所獲，芽、莖、枝、葉一切都失。世間愚人，修習少福，謂爲具足，便謂菩提已可證得。如彼田夫希望王女。

【譯文】

從前有個農民在城裏遊玩，看見國王的女兒容貌端正，世間很少見到。就日夜想念，不能自已。他想和她接近，卻又沒有機會。人逐漸變得又瘦又黃，生了一場大病。

他的親戚見了，就問他：「你怎麼會變成這個樣子呢？」

他回答說：「我上次看到國王的女兒，容貌端正，想和她交往，但又無法做到，所以就生病了。我若是得不到她，肯定會死的。」

親戚就對他說：「我們為你想個辦法，讓你能得到她，你不要煩惱了。」過了幾天見到他，就對他說：「我們為你想了個辦法，讓你能得到她，只是國王的女兒不願意。」

農民聽了以後高興得笑了起來，喊道：「我一定能得到她。」

世間的蠢人也是這樣。不考慮春夏秋冬四季的時令，便在冬天往土裏播種，希望能得到果實，這只是白白浪費工夫，一無所獲，芽、莖、枝、葉全都喪失了。世間的蠢人，修習了一點點善行，就以為已經具足，就說已經可以得到菩提道果了。這就像那個農民想得到國王的女兒一樣，都是癡心妄想。

做人不可太過於一廂情願；要少說多做。

構驢乳喻

【引語】

做事之前要對所做的事做全面性的瞭解，否則在無知或者是一知半解的情況下執意而行，其結局只能以失敗告終。正確的方法對於完成一件事情是非常重要的。

【原文】

昔邊國人不識於驢，聞他說言驢乳甚美，都無識者。爾時諸人得一父驢，欲構其乳，爭共捉之。其中有捉頭者，有捉耳者，有捉尾者，有捉腳者，復有捉器者，各欲先得，於前飲之。中捉驢根，謂呼是乳，即便構之，望得其乳。

眾人疲厭，都無所得，徒自勞苦，空無所獲，為一切世人之所嗤笑。

外道凡夫，亦復如是。聞說於道不應求處，妄生想念，起種種邪見，裸形自餓，投岩赴火，以是邪見，墮於惡道。如彼愚人妄求於乳。

【譯文】

從前在一個地處邊遠的國家，這裏的人都不認識驢這種動物。聽別人說驢的奶十分好喝，但沒有一個人嚐過。

當時一些人得到了一頭雄性的驢子，想擠取牠的奶，於是一起抓住牠。這些人當中有抓住驢頭的，有抓住驢耳朵的，有抓住驢尾巴的，有抓住驢蹄子的，還有抓住驢生殖器的。大家都想先抓到驢子，能早點喝上驢奶。最後大家都抓住驢子的生殖器，認為這就是驢子的乳頭，於是就開始擠，想得到驢子的奶水。

這些人一直擠到身心疲乏，都沒有得到一點驢奶，白白地累了半天，一點收穫都沒有。他們的這一舉動，被當時的世人所嘲笑。

非佛的外道和凡夫俗子也是一樣。聽別人說的道法十分殊勝，想去修道，但又不知道求得道果的方法。於是就憑著自己荒誕的想法，產生了各種不正確的見解，赤裸著身體不吃飯，從懸崖撲跳下去或進到火中自焚，以為這樣就可以得到解脫。結果反而使得自己墮落於三途惡道。就好像譬喻中的那些愚人想得到公驢的奶一樣。

仗義要先明理。

倒灌喻

【引語】

在物欲橫流的今天，如何擺脫無窮無盡的誘惑是一個艱難的問題。當理性克制感情，管轄感情時，我們便獲得了自由。而這正是幸福的本質：順應自然，不以物喜，不以己悲。在生活中，當我們面對無數的誘惑時，到底是放縱自己的欲望，越過自己本身的界限，而被奴役，還是用理性來控制自己，順應自然。選擇是顯然的。不知那些放縱了自己的、為貪念和嫉妒而腐蝕心靈的人們，是如何熬過那無數不眠的愁夜，戰戰兢兢地過著自己得到的生活的。

【原文】

昔有一人，患下部病。醫言：當須倒灌，乃可瘥耳。便集灌具，欲以灌之。

醫未至頃，便取服之，腹脹欲死，不能自勝。

醫既來至，怪其所以，即便問之：何故如是？

即答醫言：向時灌藥，我取服之，是故欲死。

醫聞是語，深責之言：汝大愚人，不解方便。即便以餘藥服之，方得吐下，爾乃得瘥。

如此愚人，爲世所笑。凡夫之人，亦復如是。欲修學禪觀種種方法，應觀不淨，反觀數息；應數息者，反觀六界。顛倒上下，無有根本，徒喪身命，爲其所困。不諮良師，顛倒禪法，如彼愚人飲服不淨。

【譯文】

從前有一個人肚子痛，醫生說：這要用藥灌腸，才能治好。於是就去找些用具，準備給他灌腸。

醫生還沒有來，病人就自己拿藥吃了，結果肚子脹得像要裂開一樣，疼痛難忍。

醫生來了，看到他這副模樣，覺得很奇怪，就問他：「怎麼會變成這個樣子呢？」

病人回答醫生說：「剛才的灌腸藥，我拿來吃了，現在肚子疼得厲害。」

醫生聽了，狠狠地責備他說：「你真是個大笨蛋，不通事理。」就用剩下的藥給他灌了腸，病才好了。

這樣的傻瓜，為世人所取笑。世間的凡夫也是這樣。要修學禪定及觀心的種種方法，應該修不淨觀的，卻去修數息觀；應該修數息觀的，卻去修六界聚。顛倒了禪法，不瞭解佛法的根本要義，盲目修煉，結果白白喪失了生命，為不適當的方法所困。不求明師指點，顛倒了禪法，就像那個蠢人一樣，把灌腸的藥拿來口服。

價值取向決定人生走向，放下貪欲，輕裝上陣，成功就在前方不遠處。

比種田喻

【引語】

凡做一件事情，必須要有具體的要求和明確的目標，要以清醒堅定的意志，追求它，完成它，不要被勝利沖昏頭腦，而招致失敗。有些人總是自以為是，喜歡節外生枝，賣弄自己，結果往往弄巧成拙而一無所獲。

【原文】

昔有野人，來至田裏，見好麥苗生長鬱茂，問麥主言：云何能令是麥茂好？

其主答言：平治其地，兼加糞水，故得如是。

彼人即便依法用之，即以水糞調和其田。下種於地，畏其自腳蹈地令堅，其麥不生。我當坐一床上，使人輿之，於上散種，爾乃好耳。

即使四人，人擎一腳，至田散種，地堅逾甚，爲人嗤笑。恐己二足，更增八足。

凡夫之人，亦復如是。既修戒田，善芽將生，應當師諮，受行教誡，令法芽生。而返違犯，多作諸惡，便使戒芽不生。喻如彼人，畏其二足，倒加其八。

【譯文】

從前有個粗野的農民，來到田裏，看到麥苗長得非常茂盛，就問主人：「你是怎麼樣讓麥子長得這麼好的？」

主人回答說：「把地平整翻好，加點糞水肥料，這樣麥子就能長這麼好了。」

這人就照這個方法，把糞水仔細地灑在他的農地裏。要播種了，他怕自己的腳會把地踩硬，麥苗長不出來，便這樣想：我應該坐在方桌上，讓人抬著去撒種子，這樣就沒問題了。

於是就讓四個人，每人抬一個桌腳，他坐在上面，到田裏去播種。結果地被踩得更結實了，好多人都笑話他。怕自己的兩隻腳會把地踩硬，結果反而增加到八隻腳。

世間的凡夫也是這樣。持戒如同修田一樣，善良之芽剛剛萌生時，應當向明師請教，接受教戒，讓法芽生長起來。如果違反戒律，做很多壞事，戒芽就不能生長出來。就像那個人擔心自己的兩隻腳把地踩硬，反而增加到八隻腳一樣。

做任何事情，都要一步一步來，遵循客觀發展規律，不能不顧實際情況一味盲目地去做事情。否則，將會適得其反。

第5章

心態之喻——啟迪心田的心靈雞湯

虛榮和驕傲，貪心和不知足，只能給人失敗的一生。昨天已過去，明天還沒有到來，人想要有快樂幸福的一生，就要知足，就要珍惜自己現在所擁有的一切，謙虛地面對自己的每一點進步，學會在現實中快樂的生活。

婆羅門殺子喻

【引語】

過度的虛榮最終會導致自欺欺人。

人類的虛榮心，已經是到達根深蒂固，難以剷除的地步了。要想從根本上解決人類的虛榮問題，不在於如何破壞它，而是在於如何改善它，引導它，走向有用的方面。認清自己，踏實行動，才是必勝的法寶。總而言之，愛慕虛榮，一定要根除，不然，死要面子等於折磨自己。

【原文】

昔有婆羅門，自謂多知，於諸星術種種技藝無不明達。恃己如此，欲顯其德，遂至他國，抱兒而哭！

有人問婆羅門言：「汝何故哭？」
婆羅門言：「今此小兒，七日當死，湣其夭殤，是以哭耳！」
時人語言：「人命難知，計算喜錯。設七日頭或能不死，何爲預哭？」
婆羅門言：「日月可暗，星宿可落，我之所記，終無違失。」
爲名利故，至七日頭，自殺其子，以證己說。
時諸世人，卻後七日，聞其子死，咸皆歎言：「真是智者，所言不錯！」心生信服，悉來致敬。
猶如佛之四輩弟子，爲利養故，自稱得道，有愚人法，殺善男子，詐現慈德，故使將來受苦無窮。如婆羅門爲驗己言，殺子惑世。

【譯文】

從前有一個祭師婆羅門，自稱知識淵博，對於各種星象占卜的技藝無不精通。他覺得自己很了不起，總想找機會顯露一下，就到了別的國家，抱著兒子痛哭起來。

有人問他：「你為什麼哭呢？」

婆羅門說：「我這個兒子七天以後就要死了，我見他小小年紀就要死去，非常悲傷，所以就哭起來了。」

當時的人對他說：「人的壽命是很難推測的，算卦也很容易出錯。或許過了七天人並沒有死，你為什麼要提前哭呢？」

婆羅門說：「日月可能不發光，星星可能會落下來，但我的占卜是絕對不會錯的。」

為了博取名利，在第七天的早上，他就把兒子殺死，以證明自己的預言。

當時的一些人在七天後聽說他的兒子死了，都感歎地說：「真是一位智者，所說的話一點都沒錯！」大家心裏都很信服，都前來向他表示敬意。

這就像佛的四輩弟子一樣，為了得到供養，就自稱得道了，用欺騙的方法去愚弄傷害一些善男信女，裝出一副慈悲的樣子來騙人，而使自己的未來受苦無窮。就像這個婆羅門，為了應證自己的話，而殺掉自己的兒子來迷惑世人一樣。

人很容易掉到自己給自己設置的陷阱裡面去，通常這個陷阱都是由虛榮心建造而成的。虛榮心一強，辦起事來必定要吃大虧。

婦女欲更求子喻

【引語】

人們總是很貪心的，總想明天得到的能更多，總相信明天會比今天更加輝煌。只是在失去之後，才明白失去的是最寶貴的，而自己費盡心機得到的，只不過是數量上的增加而已。

畢卡索說得好：人生應有兩個目標：第一是得到自己所想要的東西，且盡力去爭取；第二是享受它，享受擁有它的每一分鐘。

昨天已是過去，明天還未到來，最重要的還是今天。所以，我們要生活在今天，活在當下，學會在現實中快樂地生活，快樂就是珍惜你現在擁有的一切。

【原文】

往昔世時，有婦女人，始有一子，更欲求子。問餘婦女：「誰有能使我重有子？」

有一老母語此婦言：「我能使爾求子可得，當須祀天。」

問老母言：「祀須何物？」

老母語言：「殺汝之子，取血祀天，必得多子。」

時此婦女，便隨彼語，欲殺其子。

旁有智人，嗤笑罵詈：「愚癡無智，乃至如此！未生子者，竟可得不？而殺現子。」

愚人亦爾。爲未生樂，自投火坑，種種害身，爲得生天。

【譯文】

很久以前，有個婦女生了一個兒子，但她還想再有一個兒子，就問其他的婦女：「誰有辦法能讓我再擁有一個兒子？」

有一個老太婆對她說：「我有辦法讓你再擁有一個兒子，但你必須先祭祀天神。」

她問老太婆：「祭祀天神需要什麼東西？」

老太婆說：「殺了你的兒子，用他的血來祭天神，肯定能讓你再生幾個兒子。」

當時，這個婦女就聽了老太婆的話，就想把兒子殺死。

旁邊有個聰明人就大聲斥罵：「你怎麼愚昧無知到這種地步！將來的兒子都還沒有生下來，能不能生都還不知道呢，你現在竟要殺掉這個兒子？」

愚蠢的人也是這樣，為了還未得到的快樂，自己先跳到火坑裏，做種種傷害自己身體的事情，都是為了將來能夠升天。

所謂「無欲則剛」，在生活中有些人就因為抵不住貪欲，靈智為之蒙蔽，剛正之氣由此消失。

賊偷錦繡用裹氎褐喻

【引語】

我們中國也有捧著金飯碗要飯的說法。這種錯誤源於價值判斷上的偏差。人在生活的過程中肯定也有一些判斷對的或錯的時候，也許這一念之差，將決定著你的一生。

【原文】

昔有賊人，入富家舍，偷得錦繡，即持用裹故弊氎褐種種財物，為智人所笑。

世間愚人，亦復如是。既有信心，入佛法中，修行善法，及諸功德。以貪利故，破于清淨戒及諸功德，為世所笑，亦復如是。

【譯文】

以前有個小偷，到一戶富人家裏，偷得了許多綾羅綢緞。回到家裏，就用這些錦繡之物去包裹自家的粗布破衣，這種舉動受到了聰明人的嘲笑。

世上愚蠢的人也是這個樣子。既然有信心入佛門修行善法，做一些積德之事，卻又貪圖名利，破壞了清淨的戒律，不堅持做善行，為世人所笑，這種行為就像這個小偷一樣。

生活不是為了賺錢，賺錢只是為了更好地生活。在某種意義上來講，學會生活比學會賺錢更重要。

種熬胡麻子喻

【引語】

有人總是把眼前的利益看得很重，結果失去了永遠的利益，真正的聰明人是寧吃眼前虧，而換來人生的大勝利。懂得吃眼前虧，才能養精蓄銳，等待時機，取得最後的勝利。

【原文】

昔有愚人，生食胡麻子，以爲不美，熬而食之爲美。便生念言：「不如熬而種之，後得美者。」便熬而種之，永無生理。

世人亦爾。以菩薩曠劫修行，因難行苦行，以爲不樂，便作念言：「不如作阿羅漢，速斷生死，其功甚易。」後欲求佛果，終不可得。如彼焦種，無復生理。世間愚人，亦復如是。

【譯文】

從前有個蠢人，生吃胡麻子，覺得很難吃，煮了之後就覺得好吃多了。於是他便想到：「我不如把胡麻子煮熟以後種下，長出來的胡麻子就會變得非常好吃了。」隨後，他就把胡麻子煮熟以後種下，胡麻子卻永遠也長不出來了。

世間的人也是這樣。認為菩薩修行要花很長的時間，還要做很多的苦行，以為這樣很不快樂，就想：「還不如做個阿羅漢好呢，這樣可以很快地了斷生死，做起來也很容易。」後來又想求得佛果，終究無法得到。這就像炒焦的胡麻種子一樣，永遠也不可能長出胡麻的。世間愚蠢的人也是這樣的。

一個人只顧眼前的利益，得到的終將是短暫的歡愉；一個人目標雖然高遠，但也要面對現實的生活。

治鞭瘡喻

【引語】

真實在任何時候都不會貶值，脫離真實，就如同生活在真空中，一切生機並非盎然。塑造真實，從自身做起，從基層做起，只有這樣才能在激烈的競爭中脫穎而出。

【原文】

昔有一人，爲王所鞭。既被鞭已，以馬屎拊之，欲令速差。有愚人見之，心生歡喜，便作是言：「我快得是治瘡方法。」即便歸家，語其兒言：「汝鞭我背，我得好法，今欲試之。」兒爲鞭背，以馬屎拊之，以爲善巧。

世人亦爾。聞有人言，修不淨觀，即得除去五陰身瘡。便作是言：「我欲觀於女色，及以五欲。」未見不淨，返爲女色之所惑亂，流轉生死，墮於地獄。

世間愚人，亦復如是。

【譯文】

從前有一個人，受了國王的鞭刑。被打以後，就用馬屎敷在傷口上，好讓傷口好得快一些。有個愚蠢的人看到了，心裏非常歡喜，便說：「我很高興得到了這個治療傷口的好辦法。」

於是就馬上回到家中，對他兒子說：「你用鞭子打我的後背，我學到了一個治療傷口的好方法，現在想試一下。」他兒子就用鞭子抽打他的後背，然後敷上馬屎，以為這是一個很巧妙的方法。

世間人也是這樣。聽人說修習不淨觀能除去人身心的五欲之瘡，便這樣說：「我要去觀女色和五欲。」未觀到不淨，反而受到女色的迷惑，流轉於生死之間，墮入地獄之中。

世間之人和剛才那個蠢人沒什麼兩樣。

一成不變的模仿別人，不但學不到別人的長處，反而會使自己吃盡苦頭。學習、借鑑的前提是要考慮它的可行性。

貧人燒粗褐衣喻

【引語】

貪心和不知足只會給我們帶來不幸和災難，不會給我們帶來一絲一毫的好處。只有知道滿足，才不會貪心，這就是知足者常樂的真諦。讓我們記住這樣一句話：「世界可以滿足我們的需求，但無法滿足我們的貪欲！」

【原文】

昔有一人，貧窮困乏。與他客作，得粗褐衣，而被著之。

有人見之，而語之言：「汝種姓端正，貴人之子，云何著此粗弊衣褐？我今教汝，當使汝得上妙衣服。當隨我語，終不欺汝。」

貧人歡喜，敬從其言。

其人即便在前然火，語貧人言：「今可脫汝粗褐衣著於火中，於此燒處，當使汝得上妙欽服。」

貧人即便脫著火中。既燒之後，於此火處求覓欽服，都無所得。

世間之人，亦復如是。從過去身修諸善法，得此人身，應當保護，進德修業。乃為外道邪惡妖女之所欺誑：「汝今當信我語，修諸苦行，投岩赴火，舍是身已，當生梵天，長受快樂。」便用其語，即捨身命。身死之後，墮於地獄，備受諸苦。既失人身，空無所獲，如彼貧人，亦復如是。

【譯文】

從前有一個人，非常貧窮。他替別人工作，得到了一件粗布衣，就穿在了身上。

有人看見了就對他說：「你血統純正，是貴人的兒子，為什麼要穿這種粗布衣裳呢？我現在教你一個方法，保證你穿上一件上好的衣服。聽我的話，我是不會騙你的。」

窮人聽了十分歡喜，便答應要照他的話去做。

那個人就燒了一堆火，對窮人說：「現在把你的粗布衣扔到火的上面。」

窮人就把衣服脫下來扔到了火裏面。

燒完了以後，他就到火堆裏去找上好的衣服，結果什麼都沒找到。

世間的人們也是這個樣子。從過去身修行了各種善法，才得到了現世的人身，應該好好保護，應該積德修持。卻被外道的邪惡妖女欺騙：「你應該相信我的話，去修各種苦行，從懸崖跳下去，或跳到火中焚身，捨去這個身體以後，你就可以超生天界，享受永遠的快樂。」於是就聽了妖女的話，捨去了現世的身體性命。死了以後，墮落於地獄之中，受盡了各種痛苦。既推動了人身，又一無所獲，就像那個窮人一樣，新衣服沒有得到，舊的也失去了。

貪得無厭的人，將會一無所獲。越想擁有太多，往往失去越多。

醫治脊僂喻

【引語】

凡事不能強求，改正事情中的缺憾一定要對症下藥，抓住事物的本質，才能對事物有所改進。做人不能自滿，一定要有虛懷若谷的胸懷，因為只有謙虛才能容納真正的學問和真理，不懂裝懂必定會於事無補。

【原文】

譬如有人，卒患脊僂，請醫療治。醫以酥塗，上下著板，用力痛壓，不覺雙目一時並出。

世間愚人，亦復如是。爲修福故，治生估販，作諸非法，其事雖成，利不補害。將來之世，入於地獄，喻雙目出。

【譯文】

有一個患著駝背的人，請醫生醫治。

這個醫生用了一些酥油塗在他的背上，然後把他夾在兩塊木板的中間，放在地上，用力壓下去，使他平直。這個人一時痛得連雙眼都奪眶而出了，可是他的駝背卻仍舊沒有治好。

世上的愚蠢之人也是如此，為了能修福，行佈施，用種種非法手段巧取豪奪，爭取不正當的錢財來應用。事情雖然做成了，但卻得不償失，將來就要墮入地獄，就像雙眼迸出了眼眶一樣。

就像已經裝滿水的杯子再也容不下一滴水一樣，人如果自滿，也同樣無法再容納真正的學問和真理。這樣一來，就等於阻斷了自我超越之路，很難再有發展。

五人買婢共使作喻

【引語】

人的理性有時會被各種不同的因素遮蔽與干擾，在這些情況下做出來的判斷與決定，大抵不可靠。所以，要想讓理性發揮出它應有的作用，就應該讓我們的心靈先平靜下來。想讓心靈平靜，就必須要有個起始信仰，也就是要看自己為人處世的造詣了。恰恰有很多人，在這個基礎階段就敗了陣，後面的事就可想而知了。所以，人要瞭解自我，很難；做出一個正確的決定，更難。不要忙著做事，先要把人做好。

【原文】

譬如五人共買一婢，其中一人語此婢言：「與我浣衣。」

次有一人復語浣衣。

婢語此者：「先與其浣。」

後者恚曰：「我共前人，同買於汝，云何獨爾？」即鞭十下。

如是五人各打十下。

五陰亦爾。煩惱因緣合成此身，而此五陰，恒以生、老、病、死，無量苦惱搒笞眾生。

【譯文】

有五個人共同買了一個婢女，其中一個人對婢女說：「幫我洗衣服。」

又有一個人也說要她洗衣服。

婢女對第二個人說：「我先幫他洗。」

第二個人就生氣地說：「我和那人一起買你，你為什麼只幫他洗？」就用鞭子打了她十下。

像這樣五個人每人都打了她十下。

五陰也是如此。煩惱和因緣一起生成了人的身體，而這五陰，在人的生、老、病、死過程中，會產生無數的煩惱來折磨人們。

人生中的每一步對於實現成功目標來說都很重要，尤其是第一份工作更是具有不可缺少的鋪墊作用。就像做事一樣，一步一腳印，才能慢慢向成功靠攏。

伎兒作樂喻

【引語】

人生如戲，再大的歡樂也只是一時，它教育人們不必對名利抱以太大的幻想。適當地獎勵，就可以使得一切的勞動及付出獲得肯定。

每個人都應該認認真真地生活，而且心裏少想那些亂七八糟的非分之想，這樣就能使我們的人生過得充實，獲得真正的幸福，世界也會因為我們的態度而變得有意義，變得美好起來。

【原文】

譬如伎兒，王前作樂，王許千錢。後從王索，王不與之。王語之言：「汝向作樂，空樂我耳；我與汝錢，亦樂汝耳。」

世間果報，亦復如是。人中天上，雖受少樂，亦無有實。無常敗滅，不得久住，如彼空樂。

【譯文】

有個歌女在國王面前表演，國王許諾給她一千個錢。後來她向國王討這些錢，國王卻不給她。

國王對她說：「你唱歌只是讓我的耳朵高興罷了。我說給你錢，也只是讓你聽了以後開心的。」

世間的因果報應也是這樣。在人間或者天上雖然有一點快樂的享受，但也是空的，並不實際，隨著因緣生滅，無法長久存在，正如國王和歌女一樣，都是空歡喜。

有不少剛剛大學畢業的學生，自以為讀了不少書，長了不少見識，未免有點飄飄然，做了一點事就認為索取是重要的，對自己的獲取也越來越不滿意。幾年過去了，自己越想得到的卻越是得不到，於是不知足的心理就佔據了整個身心。

詐言馬死喻

【引語】

做事情如果弄虛作假，總有露出破綻的一天，人要正大光明，實話實說。學習和工作同樣也是如此，一時的欺瞞終究抵不了一世。因此，人要謙虛，不懂就問，不會就學。從各個方面充實自己，不要有「書到用時方恨少」的遺憾。

【原文】

昔有一人，騎一黑馬入陣擊賊，以其怖故，不能戰鬥，便以血污塗其面目，詐現死相，臥死人中，其所乘馬為他所奪。軍眾既去，便欲還家，即截他人白馬尾來。

既到舍已，有人問言：「汝所乘馬今為所在？何以不乘？」

答言：「我馬已死，遂持尾來。」

旁人語言：「汝馬本黑，尾何以白？」

默然無對，爲人所笑。

世間之人，亦復如是。自言善好，修行慈心，不食酒肉，然殺害眾生，加諸楚毒，妄自稱善，無惡不作。如彼愚人詐言馬死。

【譯文】

從前有一個人騎著黑馬到戰場上和賊人作戰。他因為害怕，不敢和敵人交手，就用血污塗在臉上，躺在死人堆裏裝死，他騎的馬也被別人搶走了。等到軍隊都撤走了，他想回家，就割了其他人死去的白馬的尾巴。

到了家以後，有人問他：「你騎的馬現在在什麼地方？你為什麼不騎馬回來呢？」

他回答道：「我的馬已經死了，所以我把它的尾巴帶回來了。」

旁邊的人說：「你騎出去的是匹黑馬，怎麼帶回來的是白尾巴呢？」

他張口結舌，回答不出來，而被人們譏笑。

世間的人也是這樣。自稱是行善、修好，修慈悲心，不吃酒肉。卻殺害眾生，欺壓百姓，自己還說是在行善，其實是無惡不作。就像那個蠢人用白尾巴來撒謊說黑馬已死一樣。

每個轉折點，一定要把握機會，絕對不能遲疑，唯有如此才會成功！

爲王負機喻

【引語】

貪欲之心，人皆有之，是人性中惡的一面。貪欲造成的後果，輕則為社會公德所譴責，重則為法律所不容。可是，當一個人被利欲所迷之後，便對一切貪污、賄賂之事見怪不怪，反認為這是一種常態，理所當然。只有被法網所捕之後才翻然醒悟，但為時已晚矣。

【原文】

昔有一王，欲入無憂園中歡娛受樂。敕一臣言：「汝捉一機，持至彼園，我用坐息。」時彼使人羞不肯捉，而白王言：「我不能捉，我願擔之。」

時王便以三十六機置其背上，驅使擔之，至於園中。

如是愚人，爲世人所笑。

凡夫之人，亦復如是。若見女人一髮在地，自言持戒，不肯捉之。後爲煩惱所惑，三十六物：髮、毛、齒、屎、尿不淨，不以爲醜，三十六物一時都捉，不生慚愧，至死不舍。如彼愚人擔負於機。

【譯文】

從前有一個國王，想到無憂園中遊戲玩樂，於是就命令一個大臣說：「你去給我拿一張靠椅到這個無憂園中，我好用來坐下休息。」

當時這個被命令的人，由於害羞不願意用手去拿，於是就對國王說：「我不能用手拿，我願意用背背它。」

當時國王就將三十六張靠椅放在了他的背上，讓他背著這些靠椅走到無憂園中。

這樣沒有智慧的人被世上的人所嘲笑。

一般凡夫俗子也是一樣。如果看見一根女子的頭髮掉到了地上，便自我提醒要守持戒律，不願用手將頭髮撿起來。後來被煩惱所迷惑，對構成人體的三十六種東西，比如頭髮、體毛、指甲、牙齒，以及屎尿等各種不乾淨的東西，都不認為它們是很醜陋的東西，將這三十六種東西一下子全用手去拿，心裏也不產生慚愧之心，直到死都不肯放棄。就好像譬喻中的那個愚人背椅子一樣。

面對貪心吝嗇的人，絕不能手軟，也不能硬著頭皮去對抗，要以智取勝。

爲熊所嚙喻

【引語】

是和非相互區別，又相互聯繫，是中有非，非中有是。如果我們能分清是非，又不混淆視聽，真正達到這個階段，心胸自然會開闊很多。

【原文】

昔有父子，與伴共行，其子入林，爲熊所嚙，爪壞身體。困急出林，還至伴邊。

父見其子，身體傷壞，怪問之言：「汝今何故，被此瘡害？」子報父言：「有一種物，身毛耽毶，來毀害我。」父執弓箭，往到林間，見一仙人，毛髮深長，便欲射之。

旁人語言：「何故射之？此人無害，當治有過。」

世間愚人，亦復如是。爲彼雖著法服，無道行者之所罵辱，而濫害良善有德之人，喻如彼父，熊傷其子而枉加神仙。

【譯文】

從前有一對父子和其他人結伴同行，兒子到樹林裏，被熊咬傷了，身體被熊爪抓破皮了。他急忙跑出林子，回到同伴身旁。

父親看見兒子身體受傷了，感到奇怪，問他：「你怎麼會傷成這個樣子呢？」

兒子對父親說：「有一種東西，身上毛茸茸的，是他把我咬成這個樣子的。」

父親就拿了弓箭，趕到林子裏。他看到一個仙人，披著長髮，張弓就要射他。

旁邊的人說：「你為什麼要射他？這個人從不傷害人，你應該去射害你兒子的東西。」

世間的愚蠢的人也是這樣。被一些穿著道服卻沒有道行的人辱罵了，就去胡亂傷害那些善良有德的人。就像那個糊塗父親一樣，因為熊傷了他的兒子，就去冤枉加害那個仙人。

明察世事，洞悉人心，可以減少行動的盲目性，避開暗礁險灘，使你在人生的道路上走得更加穩健。然而，人們總希望看透別人而不被別人看透，這是人們自我保護的本能。

劫盜分財喻

【引語】

播種理想收穫希望；播種愛心收穫友情；播種真摯收穫無悔；播種陽光收穫溫暖；播種的是坦蕩收穫的是安然……所以，在我們的收穫中遵循的還是付出必有回報的法則。我們的汗水可能會讓我們的收穫更加豐碩，我們的辛勤可能會讓我們的碩果更加殷實。只要把握好播種的時機就會有希望與期盼，就會有收穫與分享。

【原文】

昔有群賊，共行劫盜，多取財物，即共分之。等以爲分，唯有鹿野欽婆羅色不純好，以爲下分，與最劣者。

下劣者得之恚恨，謂呼大失。至城賣之，諸貴長者多與其價，一人所得倍於眾伴，方乃歡喜，踴悅無量。

猶如世人不知布施有報無報，而行少施，得生天上，受無量樂。方更悔恨，悔不廣施。如欽婆羅後得大價，乃生歡喜，施亦如是。少作多得，爾乃自慶，恨不益焉。

【譯文】

從前有一群盜賊，結夥打劫，搶到的東西就一起分掉，而且是平均分配。等到平分的時候只有盜得鹿野的欽婆羅衣顏色不好，認為是下等貨色，就分給了一個最差的賊。

這個賊拿了以後非常怨恨，大叫不公平。但等他拿到城裏去賣的時候，許多大官和富翁都搶著買，給了他很多錢。結果他一個人得到的錢比同伴的多出一倍，這時他便高興地跳了起來。

就像世間的人，不知道行佈施到底有沒有回報，只是行了很少的一點佈施，結果竟得升天，享受無盡的歡樂。這時才感到後悔，後悔當初為什麼不多佈施一點。就像欽婆羅衣後來賣出了高價，賊才高興起來。佈施也是這樣，做了很少一點功德，卻得到很多的回報，自己很慶倖，還後悔當初沒有多佈施一點。

其實，實現夢想並不一定非要殘酷的爭奪、爾虞我詐。有時，只要擁有一顆愛人之心就足夠了。這就是聖明的人會以自己善良和誠信的愛對待他人，同樣也會得到別人的愛。

獮猴把豆喻

【引語】

珍惜現在所擁有的一切，你才會過得開心、快樂，才會擁有許多屬於你自己的東西。

【原文】

昔有一獮猴，持一把豆，誤落一豆在地，便捨手中豆，欲覓其一。未得一豆，先所捨者，雞鴨食盡。

凡夫出家，亦復如是。初毀一戒，而不能悔。以不悔故，放逸滋蔓，一切都捨。如彼獮猴，失其一豆，一切都棄。

【譯文】

從前有一隻獼猴，手裏抓著一把豆子。不小心將一粒豆子掉到了地上，於是就扔下手中的豆子，去找尋掉了的那一粒豆子。還沒等找到那一粒豆子，先前扔掉的那些豆子已讓雞和鴨給吃光了。

凡夫出家也是一樣，剛開始犯了一戒，但不能及時地悔過，是因為不加改悔的緣故，使自己的行為放蕩，壞思想隨意滋生蔓延，將所有的戒律都丟棄了。就好像譬喻中的那隻獼猴，掉了一粒豆子，最後卻將所有的豆子都丟棄了。

不要把遺憾，當成自己一生的苦難。為了一時的貪欲，而去犧牲自己，無異於是飲鴆止渴。只有好好珍惜現在所擁有的，才不會輕易的迷失自己。

摩尼水竇喻

【引語】

人不可因為過度貪圖虛榮而不辨真偽，給自己招來滅頂之災。做人，千萬不要太貪心。貪心使人永遠沒有滿足之時，永遠會不停地伸出手去巧取豪奪。既然所有貪來的財物，永遠不能滿足其欲壑，事實上也就永遠是兩手空空，有也等於無。何況貪婪者見獵心喜，動輒會不擇手段，總是提心吊膽恐怕惡行被人識破，哪裡會有樂趣可言呢？

【原文】

昔有一人與他婦通，交通未竟，夫從外來，即便覺之。住於門外，伺其出時，便欲殺害。

婦語人言，「我夫已覺，更無出處，唯有『摩尼』可以得出。」胡以水竇名爲「摩尼」，欲令其人從水竇出。

其人錯解，謂摩尼珠，所在求覓，而不知處。即作是言：「不見摩尼珠，我終不去。」須臾之間，爲其所害。

凡夫之人，亦復如是。有人語言：「生死之中，無常、苦、空、無我，離斷、常二邊，處於中道，於此中過，可得解脫。」凡夫錯解，便求世界有邊、無邊，及以眾生有我、無我，竟不能觀中道之理，忽然命終，爲於無常之所殺害，墮三惡道。如彼愚人，推求摩尼，爲他所害。

【譯文】

從前有一個人和別人的妻子通姦，倆人在交歡時，妻子的丈夫從外面回來了，發覺有人與自己的妻子通姦，於是就藏在門外，等著這個人出來的時候，要將他殺掉。

那個婦人對姦夫說：「我的丈夫已經察覺，你現在沒有出去的路了，只有

『摩尼』這條路可以讓你出去。」胡人把水洞叫做「摩尼」，婦人想叫情人從水洞出去。

而這個人將婦人的意思誤解了，以為是說摩尼寶珠。於是就到處尋找，但怎麼也找不著，於是想道：「找不著摩尼寶珠，我就不離開這裏。」沒過多久就被婦人的丈夫殺死了。

凡夫也是一樣。有人說：「生與死之間，是無常、苦、空和無我的關係。只有離棄無常與常的兩種邊界，處於中道，從這個中道才能得到解脫。」凡夫錯誤地理解了這些話，於是就來尋找世界是有邊際還是沒有邊際，以及眾生是有我還是無我，就是不能旁觀中道的道理。有朝一日忽然死去，被無常生死所害，墮入三途惡道。就好像譬喻中的那個愚人，為尋求摩尼寶珠的藏放地點，而被別人殺害一樣。

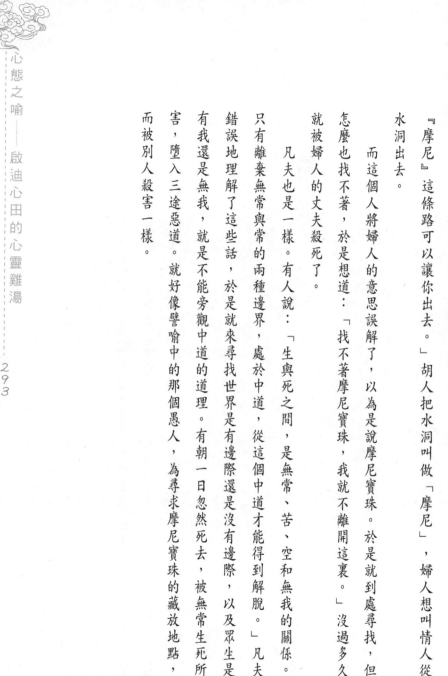

人之所以稱萬物之靈，就在於有理智，憑理智人能自己控制自己；但有時人也會比動物更愚蠢，那是因為人會喪失理智，自己連自己都控制不了。貪心一旦膨脹，膨脹到難以控制時，不僅會喪失理智，還會喪失人性。想圓貪心，難！

貧人欲與富者等財物喻

【引語】

人們常說，知足者常樂。人要有知足心，要懂得珍惜眼前的幸福和擁有，不要盲目地去羨慕別人。別人的成績、金錢，都是在自己努力的基礎上一點一滴積累起來的。因此，與其盲目羨慕別人，不如珍惜自己眼前的一切，抓住機會，努力成就未來。

【原文】

昔有一貧人，有少財物。見大富者，意欲共等。不能等故，雖有少財，欲棄水中。旁人語言：「此物雖鮮，可得延君性命數日，何故捨棄，擲著水中？」

世間愚人，亦復如是。雖復出家，少得利養，心有希望，常懷不足，不能得與高德者等獲其利養。見他宿舊有德之人，素有多聞，多眾供養，意欲等之。不能等故，心懷憂苦，便欲罷道。如彼愚人欲等富貴者，自棄己財。

【譯文】

從前有一個窮人，有一點薄財。看到大富翁，就想自己擁有的財物能和他一樣多。

由於實際上不能相等，雖然有少量的財物，便想將它們扔到水裏去。旁邊有人說道：「這些財物雖然很少，但也可以維持你幾天的性命，為什麼要把它扔到水裏去呢？」

世間的愚人也是一樣，雖然已經出家，但得到的利益和供養很少，心裏十分渴求利養，總感到不滿足現狀，不能得到和那些高僧大德同等的利養。看到別的有德行的人，很有修養，受到許多人的供養，心裏就想要和他們一樣。目的達不到，心裏就憂鬱苦悶，就想停止修行。這就好像譬喻中的那個愚人，為了想和富人的財產相等，反而要丟棄自己原有的財物。

世間最珍貴的不是「得不到」和「已失去」，而是把握現在的幸福。

小兒得歡喜丸喻

【引語】

錢是水，欲望是船，有多少錢，就能產生多少欲望。欲望無盡，世間苦海，人生如舟，承載著太多的物欲與虛榮。但是，我們的生命之舟是載不動太多的物欲與虛榮的，在抵達彼岸時要學會輕載。

【原文】

昔有一乳母，抱兒涉路，行道疲極，睡眠不覺。時有一人，持歡喜丸授與小兒。小兒得已，貪其美味，不顧身物。此人即時解其鉗鎖、瓔珞、衣物，都盡持去。

比丘亦爾。樂在眾務憒鬧之處，貪少利養，為煩惱賊奪其功德、戒寶、瓔珞。如彼小兒貪少味故，一切所有，賊盡持去。

【譯文】

從前有一個母親抱著兒子趕路，走得太累了，不知不覺地就在路邊睡著了。當時有一個人拿餅給小孩。小孩拿到以後，光顧著吃這美味的餅，其他東西就都不管不顧了。那個人就馬上把小孩身上的金鎖片、金項鏈和衣服都拿走了。

有些出家人也是這樣。喜歡在事務繁多的熱鬧地方貪圖一點利養，被內心的煩惱賊奪去了他的功德、戒寶和瓔珞。就像那個小孩貪圖一點美味，所有的東西全都被賊拿走了一樣。

人與人之間的感情是強求不來的，如果為了滿足自己的欲望，把自己喜愛的人關在家裡讓對方不自由，不如給對方廣闊的空間。如果真的愛對方，就應該給予對方完整的空間，讓對方可以自由主宰。

第6章

思路之喻——換個思路天地寬

思路決定出路。好的出路就是好的做事處世方法，但在生活中，人們習慣了一種思維方式，總是被事物的表面迷惑。所以，一個人要想做出非凡的事業，擁有幸福的人生，就要打破固有的思維方式，學會認真思考，轉換思路。

愚人集牛乳喻

【引語】

任何事情都是做出來的，而不是等出來的。事間萬事萬物時時刻刻都在變化著，意想不到的事隨時都會發生。辯證地看待問題，就會少許多挫折感，生活就會格外輕鬆愉快。

【原文】

昔有愚人，將會賓客，欲集牛乳，以擬供設，而作是念：「我今若預於日日中𣫍取牛乳，牛乳漸多，卒無安處，或復酢敗。不若即就牛腹盛之，待臨會時，當頓𣫍取。」作是念已，便捉牸牛母子，各繫異處。

卻後一月，爾乃設會，迎置賓客，方牽牛來，欲𣫍取乳，而此牛乳即乾無有。時為眾賓客，或訕或笑。

愚人亦爾。欲修布施，方言待我大有之時，然後布施。未及聚頃，或為縣官、水火、盜賊之所侵奪，或卒命終，不及時施。彼亦如是。

【譯文】

從前有一個愚蠢的人要設宴款待賓朋，他想收集牛奶，準備在宴席上用，於是他就這樣想：「我現在如果預先把每天擠出的牛奶貯存起來，牛奶就會越來越多，到最後連放的地方都沒有了，牛奶也有可能變酸壞掉。還不如就放在牛肚子裏裝著，等到宴會的時候，再一起把奶擠出來。」他打定了這主意，就捉住母牛和小牛，把牠們分開拴起來，不讓小牛喝到奶。

過了一個月，他就大擺宴席，迎接賓客，這時才把牛牽出來，準備擠奶。而這時候這頭母牛的奶已經一滴也擠不出來了。當時這些賓客有些氣鼓鼓的，有些則嘲笑他。

愚蠢的人都是這樣。想修佈施，就說等我有很多很多錢的時候再一起佈施。沒等他把錢存夠，有的就被官府勒索掉，有的就毀於水火之災，另一些就被強盜掠奪去了。或者他突然間死掉，來不及佈施。這就和那個擠牛奶的蠢人的想法一樣。

想像一下，如果我們以前早有一個理想，早就開始努力，並且只需要在過去的每年裡每天做一點點，那我們現在可以達到怎樣的一個目標呢？

以梨打破頭喻

【引語】

很多悲劇都是由於一時衝動和魯莽造成的，如果在遇到事情時能保持冷靜，有些事緩一緩再作決定，那麼很多悲劇都是可以避免的。

有句話說得好：「忍他人之不能忍，方為人上之人。」忍，實在是一種高深的處世之道。小忍可以避免爭端，大忍可以大事化小，並且可以修身養性。

但是，人生並不是凡事都需要你一味地忍耐，要學會分辨是非。否則，你就不是善忍，而是懦弱、無能、愚笨的表現，要知道忍也是有前提條件的。

【原文】

昔有愚人，頭上無毛。時有一人，以梨打頭，乃至二三，悉皆傷破。時此愚人，默然忍受，不知避去。

旁人見之，而語之言：「何不避去？乃住受打，致使頭破。」

愚人答言：「如彼人者，驕慢恃力，癡無智慧。見我頭上無有髮毛，謂爲是石，以梨打我，頭破乃爾！」

旁人語言：「汝自愚癡，云何名彼以爲癡也？汝若不癡，爲他所打，乃至頭破，不知逃避。」

比丘亦爾，不能具修信戒聞慧，但整威儀，以招利養，如彼愚人，被他打頭，不知避去，乃至傷破，反謂他癡。此比丘者亦復如是。

【譯文】

從前有一個呆子，是個禿頭。一天，有一個人用梨打他的頭，接連打了兩三下，把他的頭皮都打破了。可是這個呆子只是默默地忍受著，也不抵抗，也不避開。

旁邊的人看到這種情況，心裏很是不忍，就對呆子說：「你為什麼不躲閃一下，還站在這裏被打到頭破血流。」

呆子回答說：「像他這樣一個傲慢自負，只依仗蠻力的人，愚蠢至極。他看到我的頭上沒有頭髮便認為是塊石頭，才用梨把我打得頭破血流的。」

旁邊的人對他說：「你自己愚蠢癡傻而不自知，卻還認為別人呆笨。你如果不傻，當他打你時，你為什麼直至頭破也不知道躲避呢？」

那些修行的人也是這樣，他們不能真實領會守戒、習定、學慧的佛教精髓，只是外表威儀，以獲得人家的稱讚，結果自己受苦。這就好像那個呆子被人打而不知道逃避一樣，直到被打得頭破血流還認為別人愚癡。這些修行的人也是如此啊！

寬容是一種做人的大氣，是一種難得的胸懷。學會寬容別人，你將會不畏任何艱難，以昂揚的鬥志迎接各種挑戰，你將是最後的勝利者。

就樓磨刀喻

【引語】

人生的訣竅就是經營自己的長處，這是因為經營長處能給你的人生增值。對任何事，只要憑著自己的感覺和一份不可或缺的熱情，勇敢地去執行，人生就有意義了。

【原文】

昔有一人，貧窮困苦，爲王做事。日月經久，身體羸瘦。王見憐愍，賜一死駝。

貧人得已，即便剝皮，嫌刀鈍故，求石欲磨。乃於樓上得一磨石，磨刀令利，來下而剝。

如是數數往來磨刀，後轉勞苦，憚不能數上，懸駝上樓，就石磨刀。深為眾人之所嗤笑。

猶如愚人，毀破禁戒，多取錢財，以用修福，望得升天。如懸駝上樓磨刀，用功甚多，所得甚少。

【譯文】

從前有一個人，十分貧困，長年累月為國王工作，身體變的瘦弱不堪。國王看見了很憐憫他，便賞賜他一頭死駱駝。

這個窮人得了駱駝後就立刻開始動手剝駱駝皮。他嫌刀刃不鋒利，因此想找一塊磨刀石來磨刀。於是，他在樓上找到了一塊磨刀石，將刀刃磨鋒利之後，下樓繼續剝皮。

他就這樣反覆上樓去磨刀刃，弄得十分疲憊，之後他擔心這樣數次後一定會爬不動樓梯，就將駱駝懸吊上樓閣，挨著磨刀石磨刀。結果，他因此而遭到人們的嘲笑。

這就好比愚蠢的修行者，破壞佛家戒律，用各種手段牟取錢財，再用這些錢來為自己造福。還渴望能夠進入美好、光明的天界。這就像懸掛死駱駝在樓上磨刀的人一樣的愚蠢。

人的思路不可過於狹窄，做事情更不要固執不變，事物都有它不同的角度，應該加以認真的思考。

送美水喻

【引語】

用睜開的眼睛尋找世界的美麗，用閉著的眼睛遺忘世界的無奈。能做到這一點的人，可謂是活出了味道，雖然不能拿著放大鏡去觀察這個並不完美的世界，但是在做事情時，還是明察秋毫的好，否則真的糊塗了就會葬送掉自己的一世英名。

【原文】

昔有一聚落，去王城五由旬。村中有好美水，王敕村人，常使日日送其美水。村人疲苦，悉欲移避，遠此村去。時彼村主語諸人言：「汝等莫去，我當爲汝白王，改五由旬作三由旬，使汝得近，往來不疲。」

即往白王，王爲改之，作三由旬。衆人聞已，便大歡喜。有人語言：「此故是本五由旬，更無有異。」雖聞此語，信王語故，終不肯去。

世間之人，亦復如是。修行正法，度於五道，向涅槃城，心生厭倦，便欲舍離，頓駕生死，不能復進。如來法王有大方便，於一乘法分別說三。小乘之人，聞之歡喜，以爲易行，修善進德，求度生死。後聞人說無有三乘，故是一道。以信佛語，終不肯舍。如彼村人，亦復如是。

【譯文】

從前有一個村落，離國王居住的城市有五由旬遠。這個村子的水特別甜美，國王就命令村裏的人天天給他送水。為此，村民困擾不堪，都想著搬走，遠遠離開這個地方。

這時村長對眾人說：「你們不要搬走，我為你們去請求國王，讓他把五由旬改成三由旬，使你們送水能近一些，往來就不累了。」

村長就去請求國王，國王就把路程由五由旬改成了三由旬。眾人聽說以後，都非常高興。

有明白人說：「這還是原來五由旬的路程，並沒有什麼不同。」

村民雖然聽到了這些話，但由於相信國王的話，最後大家都沒有搬走。世間的人也是這個樣子。修行正法，出離地獄、餓鬼、畜生、人、天五道，趨向不生不滅的涅槃世界，在過程中感到疲乏厭倦，便想捨棄，對於能頓刻出離生死的大法，不能堅持修持。如來法王根據個人資質不同，把佛法分別說成三個階段。具有小乘資質的人聽了以後很高興，認為這是條容易走的路，修善積德，以求出離生死。後來聽人說，並沒有分離的大、中、小三乘法，其實是連續的一乘法。但他還是相信佛說的小乘法，不肯捨去，轉向大乘。這就像那些村民一樣。

人們常說的錯覺就是「實質沒有變，只是名稱不同而已」，這是人們對事物實體認知上的偏差所致。

寶篋鏡喻

【引語】

人的習性是很頑固的，這也是人們煩惱的根源。世界上很多糾紛，就是因為人們過分地看重了一個「我」字。如果想活得自由，就必須要打破我執的思維。

【原文】

昔有一人，貧窮困乏，多負人債，無以可償，即便逃避。至空曠處，值篋，滿中珍寶。有一明鏡，著珍寶上，以蓋覆之。貧人見已，心大歡喜，即便發之。見鏡中人，便生驚怖，叉手語言：「我謂空篋，都無所有；不知有君在此篋中，莫見嗔也。」

凡夫之人，亦復如是。爲無量煩惱之所窮困，而爲生死、魔王、債主之所纏著。欲避生死，入佛法中，修行善法，作諸功德，如值寶篋。爲身見鏡之所惑亂，妄見有我，即便封著，謂是珍實。於是墮落，失諸功德，禪定道品、無漏諸善、三乘道果一切都失。如彼愚人，棄於寶篋，著我見者，亦復如是。

【譯文】

從前有個人非常貧困，欠了別人很多債，無法償還，於是外出躲債。他到了一個空曠的地方，見到一口箱子，裏面裝滿了珍寶。還有一面明亮的鏡子，放在這些珍寶上，蓋著它們。窮人見到以後，心中非常歡喜，就馬上把它打開，但他看到鏡子裏的人，非常害怕，就拱手說：「我以為這是個空箱子，裏面什麼也沒有，不知道有人在裏面，請不要見怪。」

世上的凡夫俗子也是這樣。受無數的煩惱折磨而無法擺脫，因而被生死、磨難和債務糾纏。想著出離生死，就入佛門修行善法，做一些積德的事。就像碰到了裝滿珍寶的箱子，卻又被鏡子中自己的影像所迷惑，以為那就是真人，於是就又把箱子封了起來，不敢再去碰箱子裏的珍寶。於是就墮落了。各種功德全喪失了，連同禪定的道果，無漏的清淨善法和三乘道果也全都失去了。就像那個愚蠢的人一樣，撿到了珍寶箱，卻錯把鏡子裏的影像當成真人，就又丟棄了。執著於我見的人也是如此。

每一個問題之中都藏著解決的方法，只要你真正拿出行動，用積極樂觀的心態去面對，事情就終有解決的時候。

貧人能作鴛鴦鳴喻

【引語】

人都有後悔的時候。不過，早後悔比晚後悔要好得多，畢竟迷途知返、痛改前非的道路走起來要容易得多。最可怕的就是在犯了錯誤，做了錯事之後還不知悔改。

【原文】

昔外國節法慶之日，一切婦女盡持優鉢羅花以爲蔓飾。有一貧人，其婦語言：「爾若能得優鉢羅花來用與我，爲爾作妻；若不能得，我舍爾去。」

其夫先來常善作鴛鴦之鳴，即入王池，作鴛鴦鳴，偷優鉢羅花。

時守池者而作是問：「池中者誰？」而此貧人失口，答言：「我是鴛鴦。」守者捉得，將詣王所，而於中道復更和聲作鴛鴦鳴。守池者言：「爾先不作，今作何益！」

世間愚人，亦復如是。終身殘害，作眾惡業，不習心行，使令調善。臨命終時，方言：「今我欲得修善。」獄卒將去付閻羅王，雖欲修善，亦無所及已。如彼愚人欲到王所作鴛鴦鳴。

【譯文】

從前有一個外國節日，在慶祝的時候，所有的婦女都要在頭上戴優鉢羅花作為裝飾。

有一個窮人，他的妻子對他說：「你要是能拿到優鉢羅花給我，我就繼續做你的老婆。要是拿不到，我就要離開你。」

她的丈夫平時善於模仿鴛鴦的叫聲，因此就溜進國王花園的水池裏，學著鴛鴦的叫聲，想偷優鉢羅花。
看守池子的人問道：「池子裏面是誰？」
這個窮人失口答道：「我是鴛鴦。」
看守池子的人就把他捉住了，送到國王那裏去。而在半路上他開始和一些鴛鴦一唱一和地叫了起來。
看守池子的人說：「你剛才不學鴛鴦叫，現在叫有什麼用處！」
世間的蠢人也是這樣。一生中禍害百姓，造了各種惡業，不修習心行使它向善。快要死的時候，才說：「現在我要做善事。」獄卒把他拖去見閻羅王，雖然想做善事也已經來不及了。
正像那個蠢人被拉去見國王的時候才學鴛鴦叫一樣。

人生沒有後悔藥，如果你不積極行動，社會的大舞臺上註定沒有你的席位。所以，一定要把握當下，立即行動。

野干爲折樹枝所打喻

【引語】

人們對世界本質和事物規律總是缺少正確的認識。遇到事情一定要冷靜而且一定要意志堅定，在生活、學習、工作中遇到難題是自然之事，重要的是不可知難而退。

【原文】

譬如野干，在於樹下，風吹枝折，墮其脊上，即便閉目，不欲看樹。捨棄而走，到於露地，乃至日暮，亦不肯來。遙見風吹大樹，枝柯動搖上下，便言「喚我」，尋來樹下。愚癡弟子，亦復如是。已得出家，得近師長，以小呵責，即便逃走。復於後時遇惡知識，惱亂不已，方還師所。如是去來，是爲愚惑。

【譯文】

有隻狐狸，蹲在樹下。風吹斷了一根樹枝，樹枝掉下來打在牠的脊背上。牠馬上就閉上眼睛，不想再看到這棵樹了。

牠離開了這個地方，跑到了一個露天的地方，一直到了天黑，也不肯回來。

牠遠遠地看見風吹大樹，樹枝上下搖動，就說「這是在叫我回去」，才又回到了樹下。

愚笨頑癡的徒弟也是這樣。已經出了家，能夠親近師長，受了點小批評，就逃走了。後來遇到了壞人欺侮，這才回到了師傅那裏。這樣跑來跑去，就是愚蠢和迷惑的表現。

缺乏恆心是大多數人最後失敗的根源，一切領域中的重大成就無不與堅韌的品質有關。成功更多依賴的是一個人在逆境中的恆心與忍耐力，而不是天賦與才華。布林沃說：「恆心與忍耐力是征服者的靈魂，它是人類反抗命運、個人反抗世界、靈魂反抗物質的最有力支持。」

病人食雉肉喻

【引語】

人貴在堅持，只有堅持才能產生無限的創造力；只有堅持才能超越一個個有限的障礙物；只有堅持才能嘗到最後的甘甜。邱吉爾說過：「成功的祕訣就是，堅持，堅持，再堅持！」世上所有的成功，都產生於再堅持一下的努力。

【原文】

昔有一人，病患委篤。良醫占之云：「須恒食一種雉肉，可得癒病。」

而此病者，市得一雉，食之已盡，更不復食。

醫於後時，見便問之：「汝病癒未？」

病者答言：「醫先教我恒食雉肉，是故今者食一雉已盡，更不敢食。」

醫復語言：「若前雉已盡，何不更食？汝今云何止食一雉，望得瘉病？」一切外道，亦復如是。聞佛、菩薩無上良醫說言，當解心識。外道等執於常見，便謂過去、未來、現在唯是一識，無有遷謝。猶食一雉，是故不能療其愚惑煩惱之病。大智諸佛教諸外道、除其常見，一切諸法念念生滅，何有一識常恒不變？如彼世醫，教更食雉，而得病瘉。佛亦如是，教諸眾生，令得解諸法壞故不常、續故不斷，即得劏除常見之病。

【譯文】

從前有一個人，得了重病。醫生告訴他：「你只要持續吃一種山雞肉，病就會好了。」

但這個病人，買了一隻山雞吃完了以後，就不再吃了。

後來醫生見了他，便問道：「你病好了嗎？」

病人回答：「你先前叫我持續吃山雞肉，我現在已經吃了一隻，所以就不再吃了。」

醫生又問：「你吃了一隻山雞，為什麼不繼續吃呢？你為什麼會以為只要吃一隻山雞就能把病治好了呢？」

外道教徒也是這樣。他們聽到佛和菩薩這些無上的良醫說法，應當解悟心識兩者的關係。外教徒執著於常見，便認為過去、未來和現在都是一個心識，沒有什麼變遷生滅。這就像吃了一隻雞，是不能治好他們愚癡迷惑的煩惱之病。具有大智慧的諸佛教導一些外道教徒除去他們的常見，一切事物在心念中都是不斷地生生滅滅。哪裡有一種心識是永恆不變的。就像那個醫生教導病人要經常吃山雞才能治好病一樣，佛也是如此，教導諸生，使他們認識到一切事物有生有滅，不是常，有滅有生，也不是斷，這樣就能去除常見的病。

堅信自己成功的人，就已經成功了一半。

伎兒著戲羅剎服共相驚怖喻

【引語】

困擾往往來自於自身。正如俗語所講：「天下本無事，庸人自擾之。」世界上的事往往就是這樣，外因是變化的條件，只有內因才能起決定作用。對於本來並不可怕的事，卻為之愁眉苦臉，思前想後，這一切的恐懼全由心起。

【原文】

昔乾陀衛國有諸伎兒，因時饑儉，逐食他土。經婆羅新山，而此山中，素饒惡鬼、食人羅剎。

時諸伎兒會宿山中，山中風寒，燃火而臥。

伎人之中有患寒者，著彼戲衣羅剎之服，向火而座。時行伴中從睡寤者，卒見火邊有一羅剎，竟不諦觀，舍之而走。遂相驚動，一切伴侶悉皆逃奔。

時彼伴中著羅剎衣者，亦復尋逐，奔馳絕走。

諸同行者見其在後，謂欲加害，倍增惶怖，越度山河，投赴溝壑，身體傷破，疲極委頓，乃至天明，方知非鬼。

一切凡夫，亦復如是。處於煩惱饑儉善法，而欲遠求常樂我淨無上法食，便於五陰之中橫計於我，以我見故，流馳生死，煩惱所逐，不得自在，墜墮三途惡趣溝壑，至天明者，喻生死夜盡，智慧明曉，方知五陰無有真我。

【譯文】

從前乾陀衛國有幫戲子，因為當時鬧饑荒，就到其他地方去尋找生路。途中要經過婆羅新山，這個山裏一向有很多惡鬼和吃人的羅剎惡鬼。

這幫戲子露宿在山裏，山裏風大天冷，就燒了一堆火取暖，在火堆旁睡起覺來。

戲子中有個人覺得天冷難忍，就穿上了裝扮羅剎的戲服，面對著火堆坐著。

有個同伴從睡夢中醒來，突然看見火堆旁邊有一個羅剎，他來不及細看，爬起來就跑。驚動了其他人，大家就一起跟著跑起來。

那個穿羅剎戲服的人，也跟在後面跑了起來。

同伴見他跟在後面，以為他要加害他們，更加驚恐不安，翻山渡河，有的還掉到了山溝裏，把身體摔傷了。一幫人疲憊不堪，一直到了天明，才知道並不是鬼。

世間的凡人也是這樣。處於外界的煩惱之中，又不瞭解佛教的善法，而想遠求常樂我淨的無上境界。但由於執著我見，認為五陰之身便為真我，在生死道上流轉奔馳，為各種煩惱追逐，使心不得自在，墮於三途惡趣的溝壑中，一直到天明。就像生死之夜已過，智慧明曉，這時才知道，五陰之身只是四大合而已，並沒有真我。

天生我材必有用，每個人來到這個世界上，都是為了成功。如果一味地否定自己、懷疑自己、放棄自己，就只能跟在別人的後面。只有充滿自信地活出自我，保持自我的本色，才能在生命的管弦樂中演奏好自己的那首樂曲，才能實現生命的成功。所以，做人就要充滿自信，不要懷疑自己，否則很難成大事。

效其祖先急速食喻

【引語】

對前人留給我們的經驗不能一味信奉，在該變時也應求變，否則，臨危求居安將難於上青天，樹倒巢覆安有完卵？同樣的道理，在科技日新月異、生產自動化的今天，如果我們一味依從老舊的方式生活，不思革故鼎新，最終將會被時代所淘汰！

【原文】

昔有一人，從北天竺至南天竺。住止既久，即聘其女共爲夫婦。時婦爲夫造設飲食，夫得急呑，不避其熱。婦時怪之，語其夫言：「此中無賊劫奪人者，有何急事，匆匆乃爾，不安徐食？」

夫答婦言：「有好密事，不得語汝。」

婦聞其言，謂有異法，殷勤問之。

良久乃答：「我祖父已來，法常速食。我今效之，是故疾耳。」

世間凡夫，亦復如是。不達正理，不知善惡，作諸邪行，不以爲恥，而云我祖父已來作如是法。至死受行，終不舍離。如彼愚人，習其速食，以爲好法。

【譯文】

從前有一個人，從北印度來到南印度，住了很長時間後，就娶了一個當地女人結為夫婦。

每次妻子給他做好了飯後，他都是急急忙忙地吃完，也不管熱飯會不會燙傷自己。

妻子覺得很奇怪，就問他：「這裡又沒有強盜，你為何急成這樣子，為何不靜下心來慢慢的吃呢？」

丈夫說：「這是祕密，不能告訴你。」

妻子聽他這麼說，以為他有什麼特別的法術，就一再問他。過了很長時間他才說：「從我祖父以來，他們吃飯都是很快的。我現在這樣快吃快喝，只是仿效我的先人。」

世間的凡夫俗子也是這樣。不懂正理，不知好壞，做了一些不合規矩的事，也不以為恥，反說從我祖父以來，都是這個樣子的。就這樣一直到死，始終不肯捨棄。就像那個愚蠢的人，學著先人快吃快喝，還以為這是好方法。

非常之人，行非常之事。當一部分人對創造力的價值一無所知時，另一部分人已經憑藉不按常理出牌的創新方式獲得了巨大的成功。

嘗庵婆羅果喻

【引語】

事物都是有聯繫性的，人們要善於從錯綜復雜的表像中抓住隱藏在內的本質；要善於從個別中發現和認識一般，不可能事事都要親自經歷後才能得到經驗。要知道海水的鹹淡，不必飲盡整個太平洋。

【原文】

昔有一長者，遣人持錢至他園中買庵婆羅果而欲食之，而敕之言：「好甜美者，汝當買來。」即便持錢往買其果。果主言：「我此樹果，悉皆美好，無一惡者。汝嘗一果，足以知之。」

買果者言：「我今當一一嘗之，然後當取。若但嘗一，何以可知？」尋即取果，一一皆嘗。

持來歸家，長者見已，惡而不食，便一切都棄。

世間之人，亦復如是。聞持戒施得大富樂，身常安穩，無有諸患。不肯信之，便作是言：「布施得福，我自得時然後可信。」目睹現世貴賤貧窮，皆是先業所獲果報，不知推一以求因果，方懷不信，須己自經。一旦命終，財物喪失，如彼嘗果，一切都棄。

【譯文】

從前有一位長者，派人拿著錢到別人的園子裏買庵婆羅果，並且想吃它。長者要求買果的人說：「你要買一些味道甜美的好果子帶回來。」

買果的人於是就拿著錢，到園子裏去買果子。果園的主人說道：「我這些樹上結的果子都很好，沒有一個壞的。你嘗一個果子，足以知道果子的好壞了。」

買果子的人說：「我現在要一個一個地嘗果子，然後才買。如果只嘗一個，怎麼能夠知道你的果子全都是好的呢？」

於是他就把要買的果子，一個個全部嘗了一遍。

然後把它們帶回家中。長者看到了這些被嘗過的果子，只覺得噁心而不想吃它，於是將果子全都扔掉了。

世間的人也是一樣。聽說守持戒律、修行佈施可以得到很大的富貴和快樂，身心經常處於安詳穩定的狀態之中，沒有各種病痛的折磨，但是他們不肯相信，而且說道：「修行佈施可以得到福報，這得我有親身體驗以後，才能夠相信。」眼觀現世的富貴貧賤，都是因為以前所造的業而獲得的果報。

可是人們不知道，從一個現象出發，推理尋求因果變化的規律，如果抱著懷疑的態度而不能相信，必須自己經歷過才能相信。一旦生命終結，財物喪失，就如同嘗果子的譬喻，把果子全都扔了，什麼也沒有得到。

幸福的感覺與我們自己的心靈有關，而與世俗一切的物質都沒有什麼必然的關聯性。不要以為幸福就等於金錢，不要以為幸福就等於情愛，不要以為幸福就是香車寶馬、功名。幸福是有靈性的東西，是需要微妙對應的東西。

出家凡夫貪利養喻

【引語】

禿頭的不一定都是學識淵博的學者，同樣，穿法衣的不一定都是得道的高僧。就像吵架時嗓門高的也不一定就有理。但偏偏就有那麼多人醉心於做表面文章，這只是因為這個世界太多的時候只管表像，而不顧裏子。

【原文】

昔有國王，設于教法：諸有婆羅門等，在我國內，制抑洗淨。不洗淨者，驅令策使種種苦役。

有婆羅門，空捉澡罐，詐言洗淨。人爲著水，即便瀉棄，便作是言：「我不洗淨，王自洗之。」

爲王意故，用避王役，妄言洗淨，實不洗之。

出家凡夫，亦復如是。剃頭染衣，內實毀禁，詐現持戒，望求利養，復避王役。外似沙門，內實虛欺，如捉空瓶，但有外相。

【譯文】

從前有一個國王，制定了一條法規：所有的婆羅門種姓的人，在我的國家裏，必須洗淨身體。有不洗淨身體者，就強迫他去做各種苦役。

有一個婆羅門，手裏拿著一個空的洗澡罐，謊稱自己已經洗乾淨了。別人為他往罐中倒水，他立刻就將水倒掉，而且說道：「我不必洗乾淨，讓國王自己洗乾淨吧！」

為了迎合國王的意圖，躲避國王的勞役，騙人說自己已經洗淨，其實並沒有洗淨。

出家的凡夫也是一樣。他們表面剃頭染衣，其實毀壞了許多禁戒，裝出一副持戒的樣子，是希望能夠得到信徒的供養，表面上好像是一個修行者，而實際上是在欺騙周圍的人。就如同拿著空的水瓶，只是一種表面的現象罷了。

人多半不能改變外在的環境，但卻可以改變自己的態度：「明天的情形或許和今天一樣，但明天的我絕不是今天的我。」只要改變態度，就有可能因此而改變整個形勢。

駝甕俱失喻

【引語】

明明不學無術，卻偏要裝成博學多識的人，不僅自己出盡洋相，而且也使別人隨之身受其害。

凡事應該要學會獨立思考，盲目而不知判辨，只能讓自己被人譏笑。

【原文】

昔有一人，先甕中盛穀。

駱駝入頭甕中食穀，復不得出。

既不得出，以為憂惱。有一老人來語之言：「汝莫愁也，我教汝出。汝用我語，必得速出。汝當斬頭，自得出之。」

即用其語，以刀斬頭。既復殺駝，而復破甕。如此癡人，世間所笑。凡夫愚人，亦復如是。希心菩提，志求三乘，宜持禁戒，防護諸惡。然為五欲毀破淨戒。既犯禁已，舍離三乘，縱心極意，無惡不造。乘及淨戒二俱捐舍。如彼愚人，駝甕俱失。

【譯文】

從前有一個人，在罈子裏放了一些稻穀。有隻駱駝把頭伸到罈子裏去吃稻穀，結果頭出不來了。駱駝的頭出不來，他非常著急煩惱。有一個老頭走過來對他說：「你別急，我教你怎麼把駱駝的頭弄出來。你聽我的話，保證頭很快就能出來。你把駱駝頭砍下來，自然就能出來了。」

這人就按著老頭的話做，用刀把駱駝的頭砍了下來。這樣不但殺死了駱駝，還把罈子砸破了。這樣的傻瓜為世人所笑。

世間的蠢人也是這樣。心向菩提，求證大、中、小三乘，就應當堅持禁戒，避免做壞事。但由於迷戀五欲而毀了淨戒。犯禁以後，又捨離了三乘，縱情恣肆，無惡不作。乘門和戒門兩個都喪失了。就像那個蠢人一樣，殺了駱駝又砸了罈子。

在挫折面前，一種人會被擊倒，另一種人會在挫折之後，更加勇敢，取得更大的成功。

婦女患眼痛喻

【引語】

人生之路必會遇到挫折與困難，但是人生也因為有了這些挫折才變得跌宕起伏！失敗乃成功之母，挫折其實並不可怕，可怕的是面對挫折一蹶不振。假如勇於面對挫折，勇於從挫折中汲取教訓，那麼它將是一筆寶貴的財富。

【原文】

昔有一女人，極患眼痛。

有知識女人問言：「汝眼痛耶？」

答言：「眼痛。」

彼女復言：「有眼必痛。我雖未痛，並欲挑眼，恐其後痛。」

旁人語言：「眼若在者，或痛不痛。眼若無者，終身長痛。」

凡愚之人，亦復如是。聞富貴者衰患之本，畏不佈施，恐後得報，財物殷溢，重受苦惱。有人語言：「汝若施者，或苦或樂；若不施者，貧窮大苦。如彼女人不忍近痛，便欲去眼，乃爲長痛。」

【譯文】

從前有一個女人，得了眼病十分疼痛。

有一個認識她的女人問道：「你的眼睛痛嗎？」

她回答說：「我的眼睛非常的疼痛。」

那個女子又說道：「由於有眼睛，眼睛才會疼。我雖然現在眼睛還沒有疼，但我想將眼睛挖掉，以防它以後疼痛。」

旁邊的人說道：「眼睛如果存在的話，要麼會疼要麼不疼。如果沒有眼睛了，這就是終身的痛苦和缺陷了。」

凡夫俗子和沒有智慧的人也是一樣。聽說有錢的人吝惜自己的財物，但又怕不向外施捨財物將來會遭報應。像這樣雖然財富極為豐富，但所受的苦惱也是很大的。這時有人對富貴之人說：「你如果施捨財物，所受的報應有可能是苦的，也有可能是樂的；如果你不佈施財物，那將來所受的報應肯定是極大的貧窮痛苦。」

就好像譬喻中的那個女人，不能忍受眼前的痛苦，於是就想將眼睛挖去，變為終身的殘廢，一輩子陷於痛苦之中。

對於外界的壓力要盡可能地去承受，在承受不了的時候，要學會彎曲一下，這樣就不會被壓垮。

老母捉熊喻

【引語】

生活中許多人容易被人所騙，而他們之所以被騙的原因正是由於他們愛佔便宜，為利欲所困，而騙子正是利用了這種心理，許以厚利，拖人下水。故此，佔便宜與吃虧是兩個意思相反的詞，也許你曾在一點兒小事上占了便宜，但千萬別沾沾自喜，說不定，那便宜中隱藏著一個大虧；也許有一天，你在一件小事上做了讓步，心裏不是滋味，千萬別沮喪，其實，你也許還沒有意識到，你將來會得到一個大便宜。

【原文】

昔有一老母在樹下臥，熊欲來搏，爾時老母繞樹走避，熊尋後逐，一手抱樹，欲捉老母。老母得急，即時合樹，捺熊兩手，熊不得動。

更有異人來至其所，老母語言：「汝共我捉，殺分其肉。」

時彼人者，信老母語，即時共捉。

既捉之已，老母即便舍熊而走。其人後爲熊所困。

如是愚人，爲世所笑。

凡夫之人，亦復如是。作諸異論，既不善好，文辭繁重，多有諸病，竟不成迄，便舍終亡，後人捉之，欲爲解釋，不達其意，反爲其困。如彼愚人，代他捉熊，反自被害。

【譯文】

從前有個老婆婆，躺在一棵大樹下。有隻熊想要襲擊她，老婆婆就只好繞著樹跑以躲避熊，熊跟在後面追，用一隻爪子抱住樹，來抓老婆婆。老婆婆急中生智，就張開雙臂抱著樹，按住了熊的兩隻爪子，熊就動彈不得了。

這時剛好有一個人來到這個地方，老婆婆對他說：「你和我一齊來抓住這頭熊，殺了牠我們共同分牠的肉。」

這人相信了老婆婆的話，就和她一起抓住了熊。他抓住了以後，老婆婆就趁機跑掉了。這後來的人就被熊困住了。這樣的蠢人自然被世人恥笑。

世間的凡夫俗子也是這樣。寫了不少奇談怪論，內容不完善，文字又繁瑣，有很多問題，無法完成，就丟下不管了。後人得到以後，想進行解釋，不明白它的意思，反而被它困住，難以自拔。就像那個蠢人替人抓熊，反而自己被困住一樣。

勇氣不是一味地衝鋒陷陣，而是有勇有謀，忍讓、吃虧都是勇氣的表現。

小兒得大龜喻

【引語】

遇到不懂之事向人請教是應該且必要的，但是也應有自己的判斷與思考。一味地盲目聽從則屬於無主見，而且一味地模仿別人將會失去自我。人要有自己的主見，這才是生活、學習、工作的保證。

【原文】

昔有一小兒，陸地遊戲，得一大龜，意欲殺之，不知方便，而問人言：「云何得殺？」

有人語言：「汝但擲置水中，即時可殺。」

爾時小兒信其語故，即擲水中。龜得水已，即便走去。

凡夫之人，亦復如是。欲守護六根，修諸功德，不解方便，而問人言：作何因緣，而得解脫？邪見外道、天魔波旬及惡知識而語之言：「汝但極意六塵，恣情五欲，如我語者，必得解脫。」如是愚人，不諦思維，便用其語，身壞命終，墮三惡道。如彼小兒擲龜水中。

【譯文】

從前有一個小孩子，在陸地上遊玩嬉戲時得到了一隻大烏龜，小孩子想把烏龜殺了，但不知道殺烏龜的要領，於是問別人說：「如何才能將烏龜殺掉？」

有人對他說：「你只要將烏龜扔到水裏，這時你就可以將牠殺掉。」當時小孩子相信了他的話，就把烏龜扔到水中。烏龜到了水裏以後，立刻就游走了。

凡夫俗子也是如此。想守護住六根使得清淨，修行各種功德，但是不知道方法，於是就問別人：採用什麼方法，才能夠得到解脫？具有邪見觀點的非佛外道、天界的魔鬼，波旬魔王，以及惡知識，對他說：「你只要能極力遊七於六塵，將感情放任到五欲當中，按照我所說的，必定會得到解脫。」可是這種愚人不仔細思考推敲，盲目相信了這些話，等到身死命終之時，墮於三途惡道。就好像譬喻中的那個小孩子，將烏龜扔到水裏一樣。

面對不幸，面對潦倒，我們所要做的不是怨天尤人，自暴自棄；而是放棄悲觀情緒選擇一個長遠目標不斷捕捉生存的智慧，承受苦難，面對打擊，最終站在成功的高台上俯視天下！

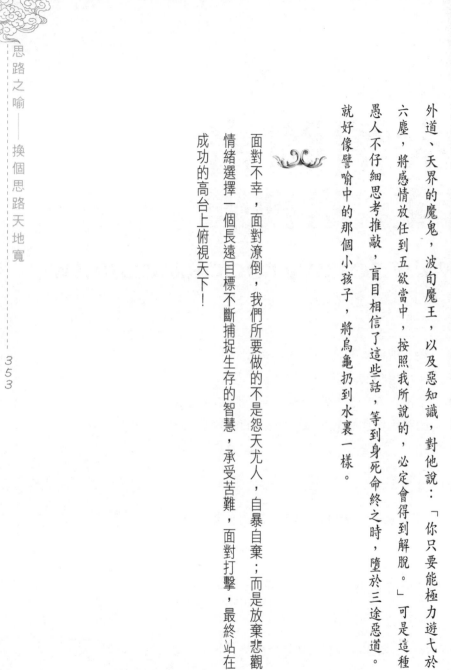

※為保障您的權益，每一項資料請務必確實填寫，謝謝！

姓名		性別	□男　□女
生日	年　月　日	年齡	
住宅地址	郵遞區號□□□		
行動電話		E-mail	

學歷

□國小　□國中　□高中、高職　□專科、大學以上　□其他______

職業

□學生　□軍　□公　□教　□工　□商　□金融業
□資訊業　□服務業　□傳播業　□出版業　□自由業　□其他______

謝謝您購買 百喻經：洞悉方圓處事的行事法則 與我們一起分享讀完本書後的心得。務必留下您的基本資料及電子信箱，使用我們準備的免郵回函寄回，我們每月將抽出一百名回函讀者，寄出精美禮物以及享有生日當月購書優惠！想知道更多更即時的消息，歡迎加入"永續圖書粉絲團"

您也可以使用以下傳真電話或是掃描圖檔寄回本公司電子信箱，謝謝！

傳真電話：（02）8647-3660　　電子信箱：yungjiuh@ms45.hinet.net

●請針對下列各項目為本書打分數，由高至低5～1分。

	5 4 3 2 1		5 4 3 2 1
1. 內容題材	□□□□□	2. 編排設計	□□□□□
3. 封面設計	□□□□□	4. 文字品質	□□□□□
5. 圖片品質	□□□□□	6. 裝訂印刷	□□□□□

●您購買此書的地點及店名______

●您為何會購買本書？

□被文案吸引　□喜歡封面設計　□親友推薦　□喜歡作者
□網站介紹　□其他______

●您認為什麼因素會影響您購買書籍的慾望？

□價格，並且合理定價是______　□內容文字有足夠吸引力
□作者的知名度　□是否為暢銷書籍　□封面設計、插、漫畫

●請寫下您對編輯部的期望及建議：

221-03

新北市汐止區大同路三段194號9樓之1

傳真電話：（02）8647-3660
E-mail：yungjiuh@ms45.hinet.net

廣　告　回　信
基隆郵局登記證
基隆廣字第200132號

培育

文化事業有限公司

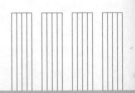

讀者專用回函

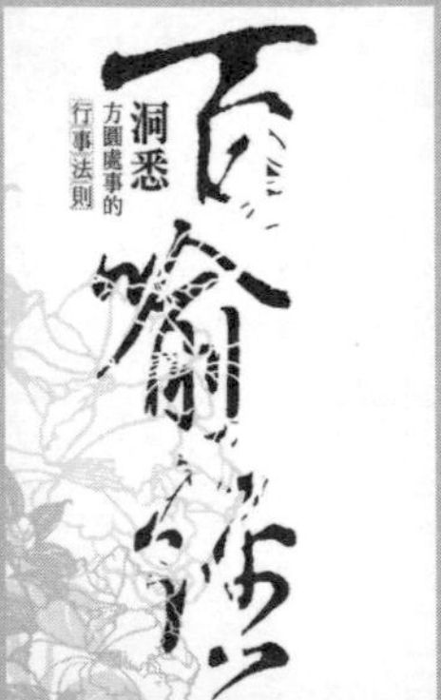

百喻經：洞悉方圓處事的行事法則

培 養 文 化 育 智 心 靈 的 好 選 擇